David Line, geboren 1946, war zunächst Redakteur bei diversen Verbraucher-Zeitschriften, bevor er 1983 freier Journalist wurde. Er hat mehrere Bücher veröffentlicht und ist beim Rundfunk tätig.

Julia Line, geboren 1947, ist freie Schriftstellerin und hat mehrere Bücher veröffentlicht. Ihr besonderes Interesse gilt den verschiedenen Formen des Okkultismus.

Ferner sind von David und Julia Line bei
Knaur erschienen:

»Schicksalsdeutung aus den Würfeln« (Band 3769)
»Liebe und Schicksal aus den Zahlen gedeutet« (Band 3848)

Deutsche Erstausgabe 1989
© 1989 by Droemersche Verlagsanstalt Th. Knaur Nachf., München
Das Werk einschließlich aller seiner Teile ist urheberrechtlich geschützt.
Jede Verwertung außerhalb der engen Grenzen des Urheberrechts-
gesetzes ist ohne Zustimmung des Verlages unzulässig und strafbar.
Das gilt insbesondere für Vervielfältigungen, Übersetzungen,
Mikroverfilmungen und die Einspeicherung und Verarbeitung
in elektronischen Systemen.
Titel der Originalausgabe »Fortune-Telling by Runes«
© 1984 by David und Julia Line
Umschlaggestaltung Adolf Bachmann
Umschlagfoto Eva Lindenburger/Silvestris
Satz MPM, Wasserburg
Reproduktion Siefert, Ulm
Druck und Bindung Ebner Ulm
Printed in Germany   5 4 3 2 1
ISBN 3-426-03767-X

David und Julia Line:
Das Geheimnis der Runen

Mit zahlreichen Abbildungen

Aus dem Englischen übersetzt von Peter Ripota

Inhalt

	Einführung	7
1	Einführung in die Runenlehre	11
2	Runen — Ursprung und Geschichte	19
3	Was Sie für das Runenorakel brauchen	29
4	Das Werfen und Deuten der Runen	37
5	Beispiele	43
6	Freyas Acht	67
7	Hagals Acht	89
8	Tius Acht	107
9	Skjebne	129
	Bibliographie	133
	Register	135

Einführung

Was wird mir die Zukunft bringen? Das ist die Frage aller Fragen, die sich der Mensch seit ungezählten Jahrhunderten stellt. Um den Markterfordernissen zu genügen, haben unterschiedliche Kulturen verschiedene Möglichkeiten gefunden, diese Frage zu beantworten. Gleichzeitig brachten diese Kulturen ihre Wahrsager, Propheten, Seher und weise Männer und Frauen hervor, und sie alle beherrschten die Kunst der Weissagung. Auch heute noch werden die Prophezeiungen des Nostradamus begierig gelesen. Handleser gibt es in jeder größeren Stadt, und ohne Horoskope wären unsere Tageszeitungen und Illustrierten kaum denkbar.

Das Runenorakel zur Erleuchtung der Zukunft ist eine jener Voraussagemethoden, über die am wenigsten bekannt ist. Ironischerweise wird diese rein europäische Disziplin von orientalischen Methoden wie dem I Ging oder den Tarotkarten an Beliebtheit weit übertroffen.

Aber abgesehen von den Weissagungen hat jede Tätigkeit, die Kenntnisse der Zukunft ohne Rückgriff auf Logik, Wissenschaft oder Experiment anbietet, einen entscheidenden Nachteil: Es mangelt ihr an Glaubwürdigkeit. Die Glaubwürdigkeit einer Weissagung ergibt sich oft aus rein persönlicher Beobachtung, verbunden mit dem positiven Wunsch zu glauben — beides wird allzuoft zerstört durch Scharlatane, extreme Egoisten, schlecht informierte Amateure oder schlichtweg Verrückte.

Ufologen, Hellseher und andere Menschen dieser Art sind oft ihre eigenen ärgsten Feinde, indem sie das Irrationale rationalisieren wollen, wobei sie auf Pseudopsychologie, Scheinwissenschaft oder schlichtweg Geschwätz zurückgreifen. So geht es oft auch Menschen mit der Gabe der Weissagung.

Der Vorgang des Runenwerfens kann optisch wahrgenommen, die Beziehung zwischen den Steinen und ihren Bedeutungen kann in der Praxis beobachtet werden. Aber die unheimliche Tatsache, daß die Deutung meistens stimmt, entzieht sich jeder Erklärung, die sich auf objektive Tatsachen stützen will. Zwar gibt es vernünftige Erklärungstheorien dafür — aber es bleiben eben nur Theorien.

Zuletzt werden Sie an Runen glauben oder auch nicht. Das hängt davon ab, wie Sie die Ergebnisse eines Runenorakels bewerten. Die einzige Hoffnung auf irgendeine Art Erklärung liegt in der Zukunft und kann am besten durch folgende Analogie erhellt werden:

Wenn vor dreihundert Jahren ein Mann nachts einen Sumpf durchquerte, sah er wahrscheinlich irgendwann einmal ein geisterhaft flackerndes Licht, das über dem Wasser tanzte. Ohne Zweifel hätte er dieses Phänomen als eine Erscheinung der Sumpfhexe interpretiert, einer bösen Fee, deren ganzes Sinnen und Trachten darauf gerichtet ist, ahnungslose Wanderer in das tückische Moor zu locken.

Sumpflichter gibt es auch heute noch, aber ein Wanderer unserer Zeit würde eher amüsiert reagieren als denn entsetzt. Schließlich ist diese Erscheinung nicht unheimlicher als Sumpfgas, nämlich Methan, das sich spontan selbst entzündet und durch Fäulnisvorgänge im Schlamm entsteht.

Diese beiden, durch dreihundert Jahre getrennten Anschauungsweisen ändern nicht die Natur dessen, was beobachtet wurde. Damals war es genauso brennendes Sumpfgas wie heute. Beide Beobachter sahen das gleiche Phänomen, interpretierten es aber völlig anders. Die eine Interpretation stützt sich auf bekannte und bewiesene wissenschaftliche Fakten, die andere auf Aberglauben und seltsame Vorstellungen. Unser Wanderer aus der Vergangenheit sah etwas, das tatsächlich existierte, aber seine Folgerungen über die Ursache dieses Bildes waren völlig falsch.

Auf ähnliche Weise können wir auch das Orakel der Runen betrachten. Wir sollten aber mit den Erklärungen vorsichtig sein. Sonst erschaffen wir noch einen neuen Sumpfhexenmythos, über den sich dann unsere Nachkommen halb totlachen.

Wenn das Rätsel der Runen einst gelöst sein sollte, bleiben die Beobachtungen dieses Buchs — wie wir hoffen — immer noch richtig.

D. & J. L.

1
Einführung in die Runenlehre

Dieses Buch richtet sich vor allem an den Praktiker. Er enthält alle Informationen zum Werfen und zum Interpretieren der Runen, wenn die Steine auf eine Runentafel fallen. Runen stellen eine Alternative zum I Ging, zu den Tarotkarten und zum Deuten von Teeblättern dar, wobei sie in vielerlei Hinsicht den orientalischen, ägyptischen oder selbstgestrickten Methoden deutlich überlegen sind.

Runen dienen in erster Linie der praktischen Kunst des Voraussagens. Sie spiegeln in gewisser Hinsicht ihre nordeuropäischen Ursprünge wider. Sie sind leichter zu interpretieren als das I Ching und verlangen — im Vergleich zu den Tarotkarten — vom Leser weniger Intuition. Man braucht für die Runen auch nicht das Auge eines Künstlers, das zur Deutung des Kaffeesatzes erforderlich ist. Das Muster eines Runenorakels hat direkten Bezug zu seiner Deutung. Die Gefahr einer jeden Weissagung liegt in ihrer Degradierung zur gewöhnlichen Zukunftsvorhersage. So wird sie entweder gleich abgetan oder ignoriert, bevor die Frage aufkommt: Wie funktioniert das?

Die einfachste Rationalisierung liegt darin, C. G. Jung zu zitieren, der behauptete, es gäbe eine seelische Verbindung zwischen dem Menschen und seiner Umgebung. Nach Jung ist diese Verbindung verantwortlich für die vielen seltsamen Übereinstimmungen, die im Leben der meisten Männer, Frauen und Kinder zu irgendeiner Zeit auftauchen. Jung nannte diese Ereignisse »synchronistisch«, was ihn zur Erforschung vieler Weissagungsformen animierte.

Eine Konsequenz dieser Auffassung liegt darin, jeglichen Zufall zu leugnen. Es gibt zu viele wechselseitige Beziehungen, als daß man irgend etwas dem Zufall zuschreiben könnte. Die Auswahl bestimmter Runensteine, Tarotkarten oder Schafgarbenstengel ist nicht durch Glück zu erklären, sondern durch eine tiefe, unbewußte Urteilsfähigkeit.

Wenn man so denkt, was können einem die Runen dann sagen? Gewiß zeigen sie keine spezifischen zukünftigen Ereignisse an. Was sie uns zeigen, sind wahrscheinlich zukünftige Entwicklungen, die ihre Wurzeln in den Verhältnissen der Gegenwart haben. Das ist etwas ganz anderes. Diese Einschätzung der gegenwärtigen Lage erlaubt es dem Fragenden, sich mit den Verhältnissen der Gegenwart und den Möglichkeiten der Zukunft auseinanderzusetzen. Auf diese Weise kann er auch die wahrscheinlichen Konsequenzen seiner Handlungen besser beurteilen. Mit diesem Wissen kann der Fragende seinem künftigen Leben eine bestimmte Richtung geben.

Die Einwände gegen Weissagungen sind zahllos, und man kann leicht durch Dogmen verwirrt oder durch Zynismus eingeschüchtert werden, ohne zu einer philosophisch akzeptablen Antwort zu kommen.

Man sollte die Runen und ihre Möglichkeiten richtig sehen. Sie sind kein Mittel zum Zweck, und auch nicht das Ziel. Sie sind Werkzeuge ohne eigene mystische Kräfte — obwohl sie diese Kräfte in der Vergangenheit zweifellos besaßen — und auch die Symbole auf den Runen haben keine magischen Eigenschaften. Runenzeichen stellen eine Art Kurzschrift dar, wobei jedes Zeichen seine eigene Bedeutung hat. Bei der Beurteilung einer Gruppe von Runen vereinigen sich diese Kurzzeichen zu einer Gesamtbedeutung, einem vollständigen Satz.

Die Hand des Fragenden wählt die spezielle Runengruppe aus, die gleiche Hand wirft sie auf ein Tuch. Die Geschichte, die Bedeutung, vielleicht sogar die Magie — sie alle liegen nicht in den Steinen, sondern im Fragenden.

Viele Weissagungen sind mit einem Ritual verknüpft. Das mag aus der Art bestehen, wie das Tuch ausgebreitet wird, an der Sitzstellung des Fragenden, am Licht, das während der Lesung scheint. Manchmal sind es auch Sprüche, die während des Orakels laut gesprochen werden, etwa »Dies sind seine Hoffnungen und Ängste«, wie es beim Tarot beim Legen jeder einzelnen Karte geschieht.

Doch darin liegt wenig Wert und ganz gewiß keine magische oder okkulte Bedeutung. Andererseits können die Auswirkungen von Ordnung und Wiederholung, den Grundbestandteilen eines jeden Rituals, bei einigen Teilnehmern die Konzentration erhöhen. Seien Sie vorsichtig bei Ritualen. Je komplizierter und undurchschaubarer sie sind, desto eher lenken sie von Unfähigkeit oder gar Scharlatanerie ab.

Fassen wir es noch einmal zusammen. Die beste Analogie für die Runen ist ein Schiffer auf See. Seine Karte zeigt Küsten und Gewässer, Bojen und Leuchttürme. Er weiß, woher er kommt und wohin er will, doch seine Reise wird von Wind und Wellen beeinflußt, nicht immer zu seinem Vorteil. Er verwendet Hilfsmittel — Kompaß, Sextant, Fernrohr, Radio, Echolot und zahllose andere Geräte —, die ihm seine gegenwärtige Position zeigen und den nächsten Kurs berechnen.

Runen können mit den Instrumenten des Seemanns verglichen werden. Als Werkzeuge helfen sie dem Fragenden bei der Lagebestimmung und bei der Festlegung des künftigen Kurses, damit er sicher sein Lebensziel erreicht.

Andere Aspekte der Runen zeigt der folgende Ausschnitt eines nordischen Gedichts, der »Volsunga Saga«, in der Brunhild Sigurd im Runenorakel unterrichtet.

Siegrunen lerne,
willst du Sieg haben!
Auf den Schwertknauf schneide sie,
auf die Blutrinne
und des Rückens Breite
und ruf zweimal zu Tyr!

Älrunen lerne,
soll eines andern Weib
nicht trügen dein Vertraun!
Aufs Horn soll man sie ritzen
und auf den Handrücken
und ziehn auf dem Nagel »Not«.

Den Becher soll man segnen
und vor Bösem sich schirmen,
werfen Lauch in den Labetrank;
dann bin ich gewiß,
daß Böses dir nicht
gemischt wird in den Met.

Gebärrunen brauche,
willst zur Geburt du helfen,
lösen das Kind von der Kreißenden!
Auf die Hand soll man sie graben
und um die Glieder sie spannen,
bei den Disen Gedeihn erflehn.

Brandungsrunen brauche,
wenn du bergen willst
auf der Fahrt das Flutenroß!
Man brennt sie auf den Steven
und auf des Steuers Blatt

und ritzt auf die Ruder sie.
Nicht ist so schwer die Brandung
noch so schwarz die Woge:
zum Hafen kommst du heil.

Astrunen lerne,
wenn ein Arzt du sein
und Krankheit erkennen willst!
Man ritzt sie auf die Borke
und des Baumes Gezweig,
der ostwärts die Äste streckt.

Rederunen lerne,
soll kein Recke ein Leid
grimmig vergelten dir!

*

Denkrunen lerne,
soll der Degen keiner
deinen Verstand bestehn!

*

Das sind Buchenrunen,
das sind Gebärrunen
und alle Alrunen
und köstliche Kraftrunen
dem, der sie unversehrt
und unverstört
sich zum Heil behält.
Nütz es, vernahmst du's,
bis die Götter vergehn!

Auf den Schild sind sie geritzt,
der steht vorm schimmernden Gott
auf Arwakers Ohr
und auf Alswinns Huf,
auf das Rad, das sich dreht
unter des Donnerers Wagen,
auf Sleipnirs Zähne
und die Zunge Bragis,
auf des Schlittens Kufen
und den Schnabel des Adlers,
auf des Bären Pranke
und die Pfoten des Wolfs,
auf blutige Schwinge
und der Brücke Stoß,
auf der Heilbringerin Hand
und der Helferin Spur,
auf Glas und auf Gold
und auf gutes Kleinod,
in den Wein und ins Bier
und auf gewohnten Sitz,
auf Gungnirs Spitze
und auf Granis Brust,
auf der Norne Nagel
und der Nachteule Schnabel.

*

Sie schuf er,
sie schnitt er,
sie ersann Siegvater
durch den Trank,
der getropft war
aus Heiddraupnirs Haupt
und aus Hoddrofnirs Horn.

*Sie wirkt er,
sie webt er,
sie alle setzt zusammen er
auf dem Ding,
da die Degen ziehn
zu gerechtem Gericht.*

*Auf dem Berg stand er
mit Brimirs Schneiden,
trug auf dem Haupt den Helm;
da sprach Mimirs Mund
wahres Weisheitswort
und redete Runenkunde.*

*Abgeschabt waren alle,
die eingeritzt waren,
und in den mächtigen Met gemischt
und weiten Weg gesandt:
die sind bei den Asen,
die sind bei den Alben,
die bei weisen Wanen,
die in der Menschen Macht.*

2
Runen — Ursprung und Geschichte

Für die meisten Menschen sind Runen lediglich symbolbemalte Steine, die mit alten nordeuropäischen Kulturen oder mit obskuren okkulten Praktiken in Verbindung gebracht werden, ohne irgendeinen anderen Wert zu haben.
Die Meinungen über den ursprünglichen Zweck der Runensymbole sind geteilt. Waren sie eine Art Alphabet für vorchristliche Völker in Nordeuropa und auf den britischen Inseln, oder wurden sie allein zu magischen Zwecken für uralte Riten entwickelt?
In späteren Zeiten bedeutete das Wort *Rune* ein Gedicht oder einen Zauberspruch, doch viele Experten halten Runen schlichtweg für ein einfaches Alphabet zum Schreiben profaner Dokumente, Gerichtsakten und Verträge. Es gibt keinen Beweis für einen weitverbreiteten literarischen Gebrauch der Runen in frühen Zeiten. Ein paar Runenmanuskripte haben überlebt, aber sie stammen aus einer späteren Epoche.
Seltsamerweise hat das Wort *Rune* zwei Wurzeln: das germanische *ru* und das gotische *runa*. Beide bedeuten Mysterium, Geheimnis, Geheimhaltung. Unser Wort *raunen* spiegelt am besten diese Bedeutung wider. Liegt darin ihr ursprünglicher Gebrauch, die profanen und legalen Angelegenheiten mit dem Hauch des Geheimnisvollen zu umgeben? Man braucht sich nur die Gesetzestexte unserer Zeit anzuschauen, um zu erkennen, daß sie in einem Stil geschrieben sind, der dem Laien das Verständnis erschwert. Oder

weist diese Verbindung mit dem Geheimen und Geheimnisvollen auf etwas viel Tieferes und Älteres hin?
Ganz bestimmt nahmen die Runenzeichen — eine Kombination gerader und abgewinkelter Linien — ihre Form nicht aus irgendwelchen symbolischen Gründen an. Wahrscheinlich haben sie sich zu ihren Formen entwickelt, weil es die einfachste und bequemste Art war, sie in Holz zu ritzen. Man mußte ja immer aufpassen, daß die Linienführung den Fasern des Holzes nicht folgte, damit die Holztafel nicht beeinträchtigt wurde. Geradlinige Zeichen eignen sich auch sehr gut zum Einritzen in Stein und Knochen, ja sogar in Metall. Aber selbst eine so einfache Angelegenheit wie eine Buchstabenreihe aus geraden und gewinkelten Linien bleibt auf Dauer nicht einfach. Genauso wie die verschiedenen Sprachen und die regionalen Dialekte entwickelten sich die Runenzeichen zu zahlreichen unterschiedlichen Formen. Wie die heutigen Weltsprachen können auch die Runen in einige Hauptgruppen klassifiziert werden. Man unterscheidet heute drei Kategorien.
Die Grundserie der germanischen Runenzeichen findet man auf einigen hundert Inschriften aus der Zeit des dritten bis achten nachchristlichen Jahrhunderts. Dieses Alphabet heißt *Futhark* (manchmal auch *Futhork* geschrieben). So wie das Wort *Alphabet* sich von den ersten beiden griechischen Buchstaben *alpha* und *beta*) ableitet, so stammt die Bezeichnung dieser Runenreihe von ihren ersten sechs Zeichen (Buchstaben): F, U, TH, A, R, K. Das Alphabet teilt sich in drei Gruppen zu je acht Zeichen, so daß es insgesamt 24 Zeichen umfaßt. Die Reihe ist unter dem Namen *aettir* bekannt und wird bisweilen nach einer nordischen Gottheit benannt: Freyas Acht, Hagals Acht und Tius Acht.
Jedes Runenzeichen hatte zwei Bedeutungen, eine äußere, materielle, und eine innere, spirituelle.

Die Weissagungen dieses Buchs stützen sich auf die folgenden Achterreihen.

Freyas Acht:

ᚡ *feoh, faihu*, Vieh oder Geld (englisch »fee« = Gebühr)

ᚢ *ur*, Urstier, Auerochse, Urzeit

ᚦ *thorn, thurs* (englisches th), Dorn oder Thurse (ein Riese)

ᚨ *a, oss*, der Ase (Gott)

ᚱ *r, rit*, Ritt, Rad, Karren, Sonnenwagen, Reise

ᚲ *k, kaon*, Kahn, Fackel, Lebenskraft

ᚷ *g, geofu, giba, gifu*, Gabe, Segen

ᚹ *w, wynn, wunjo, wunna*, Wonne, Segen, Wochen

Hagals Acht:

ᚺ *h, hagal*, Hagel, Gesundheit, Wetterzauber

ᚾ *n, nauths, nant*, Not

ᛁ *i, is*, Eis

ᛃ *j, jar, yer*, Jahr, Ernte

ᛇ *e, yr*, Eibe

ᛈ *p, peorth*, Pferdekoppel, Kuppe

ᛉ *aquizi*, Steinaxt

ᛋ *s, sigyl, sol, sig*, Sonne, Sieg, Gewinn

Tius Acht:

↑   *t, tiu, tyr*, der Kriegsgott Tiu (Tyr)

ᛒ   *b, biarkan, birca*, Birke, neues Leben

ᛖ   *e, eh, eoh*, Pferd, Reittier

ᛗ   *m, man*, Mann, Menschheit, Welt

ᛚ   *l, lagu*, Wasser (des Lebens)

◊   *ng, ing*, Sippe, Nachkommen

ᛟ   *o, odal*, Heimat, Besitz

ᛞ   *d, daeg, das*, Tag

Die Runen

Es gilt als gesichert, daß jeder Rune ein gutturales Phonem der deutschen Sprache entspricht. Für die klingenden Vokale der vornormannischen angelsächsischen Sprache reichte dieses Alphabet nicht aus, weshalb es zuerst auf 28, später auf 32 Zeichen anwuchs. Diese angelsächsische Version soll um das fünfte nachchristliche Jahrhundert auf den britischen Inseln entstanden sein. Die dritte große Runengruppe finden wir in Skandinavien. Die Entwicklung verlief dort gegenläufig. Die 24 ursprünglichen Runenzeichen schrumpften auf 16.

So erscheint uns die Entwicklung der Runen recht direkt und unmysteriös — ein simples Alphabet. Aber jede Geschichte hat zwei Seiten, und jetzt wollen wir uns die zweite einmal anschauen. Nach den alten nordischen Legenden (beschrieben im Nationalepos der Isländer, in der älteren Edda) war der Gott Odin (anderer Name: Wotan) der ursprüngliche Meister der Runen. Der Erzählung nach mußte sich Odin zur Wiederentdeckung des Runengeheimnisses der barbarischen Qual unterziehen, neun Nächte lang kopfunter von einem Galgen zu hängen. In diesem Zusammenhang entspricht dem Galgen Yggdrasil, die heilige Esche der nordischen Mythologie. Der Name der Esche kann dreifach interpretiert werden: als Galgen, als Kreuz und als Baum. So ergibt sich der Weltenbaum.

So wird die Wiederentdeckung der Runen dem Gott oder Kriegskönig Odin zugeschrieben. Der Legende nach hatte Odins achtbeiniges Pferd Sleipnir Runenzeichen auf seinen Zähnen. Außerdem führen alle angelsächsischen Könige ihren Ursprung auf Odin zurück. Bevor die Normannen kamen, war es notwendig, seine königliche Qualifikation auf diese Weise zu beweisen.

Seltsamerweise gibt es eine Verbindung zu den Tarotkarten, und zwar zur zwölften Karte der großen Arcana, dem Gehängten als Symbol des sterbenden Gottes. Trotz der Unterschiede in den verschiedenen Kartensystemen bleibt diese Karte immer gleich. Wir sehen einen Mann an einem Fuß hängen, das andere Bein kreuzt ihn im rechten Winkel, und die hinter dem Rücken verschränkten Arme bilden ein Dreieck.

Dieses Symbol eines Kreuzes über einem Dreieck stellt den Abstieg des Lichts in die Finsternis dar, um die Erlösung zu finden. Die Parallele zur christlichen Lehre ist offensichtlich. Kurz gesagt, hier sehen wir Erfüllung oder geistiges Erwachen durch Leiden — so wie Odin die Runen durch sein persönliches Opfer entdeckte. Die Beziehung zwischen Odin und dem Gehängten zeigen die folgenden Ausschnitte aus den »Worten des Hohen« aus der *Älteren* Edda.

Die zwölfte Karte der großen Arcana des Tarot illustriert (zufällig?) das Opfer des Odin zur Wiederentdeckung der Runengeheimnisse. Die Symbole dieses Bildes verweisen auf die Theorie der geistigen Erleuchtung durch das Leiden — ein Prinzip, das sich in vielen Religionen findet.

Ich weiß, daß ich hing
am windigen Baum
neun Nächte lang,
mit dem Ger verwundet,
geweiht dem Odin,
ich selbst mir selbst,
an jenem Baum,
da jedem fremd,
aus welcher Wurzel er wächst.

Sie spendeten mir
nicht Speise noch Trank;
nieder neigt ich mich,
nahm auf die Stäbe,
nahm sie stöhnend auf,
dann stürzte ich herab.

Ein zwölftes kann ich,
seh ich zittern im Wind
den Gehenkten am Holz:
so ritze ich
und Runen färb ich,
daß der Recke reden kann
und vom Galgen geht.

Es gibt wenige Dokumente über die Verwendung der Runen zur Weissagung, obwohl einige gelehrte Werke über ihren Ursprung veröffentlicht wurden. So wissen wir, daß die Ausbreitung des Christentums über die römische Kirche bis in die fernsten Gegenden Europas auch das Alphabet mitbrachte, das wir heute benutzen. Der heidnische Gebrauch der Runen zum Zweck der Weissagung wurde von der Kirche verboten und als »Werkzeug des Teufels« gebrandmarkt. Trotz der Bemühungen der Kirche, Runenweissagungen auszurotten, blieb diese Kunst im geheimen erhalten. Sie wurde bald mit Hexen und Zauberern und deren Künsten in Verbindung gebracht.

Der esoterische und der praktische Aspekt der Runen wurde bis in unser Jahrhundert hinein untersucht. Besonders in Deutschland hielt man sie hoch. Runen waren ein wichtiger Faktor im Dritten Reich mit seinem Glauben an die Überlegenheit der arischen Rasse. Aus der Theorie der Urrunen — einer alten nordgermanischen Schrift, die als Vorläufer aller bekannten Runen angesehen wird — versuchten die Nazis den Beweis anzutreten, daß alle anderen Alphabete (phönizisch, griechisch usw.) aus diesem abzuleiten sind. Das war noch mehr Öl ins Feuer des Glaubens an die Überlegenheit der Arier. Diese Ideen sind aber ebenso lächerlich wie der Versuch, rassische Verbindungen zwischen den Nazis und ihren Verbündeten, den Japanern, herzustellen, und man braucht sie nicht ernstzunehmen.

Dennoch bringt die Verbindung Runen — Nazis die Runen wieder mal in Verruf, genau wie früher, als sie der Hexerei zugerechnet wurden.

Ein weiteres Beispiel für die Verwendung der Runen im Deutschland Hitlers war die Verwendung der S-Rune (⟨) auf den Krägen der SS-Uniformen. Die Sigyl-Rune steht unter anderem für Sieg, den die Nazis auch erreichten, wenn auch nur für kurze Zeit. Wir dürfen dabei aber nicht vergessen, daß Runen — ebenso wie das Hakenkreuz — lange vor Hitler entstanden und benutzt wurden.

Runen wurden außerdem in den ewigen Kalendern Norwegens (in den Primstaven) und Dänemarks (in den Rimstocks) verwendet. Das waren Holz- oder Knochentafeln mit Zeichen oder Ringen für die Tage des Jahres, die Primzahlen, die »goldenen Zahlen«, und für die Jahreszeiten.

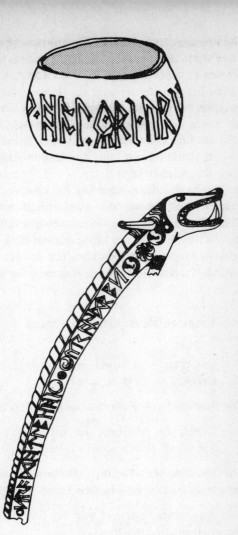

Zwei kunstgewerbliche Arbeiten — ein Ring und eine Art Messer —, die mit Runeninschriften verziert wurden. Man fand sie an der Themse. Heute kann man sie im Britischen Museum besichtigen.

Solche Almanache wurden in den angelsächsischen Ländern bis zum Ende des siebzehnten Jahrhunderts verwendet. Sie wurden aus länglichen Stücken von Holz, Knochen, Messing oder Horn gefertigt und mit Kerben markiert, welche die Tage der Monate des Jahres auf jeder der vier Kanten darstellte. Links und rechts fanden sich Zeichen für die Mondzyklen, die Tage der Heiligen usw. Man konnte diese Kalender an die Wand hängen, auf den Kamin stellen oder sogar in einer Tasche mittragen.
Auch die alte englische Währung hat eine Beziehung zu den Runen. Der Solidus war eine römische Silbermünze mit einer Runeninschrift. Er war bis ins siebzehnte Jahrhundert in Gebrauch. Die englischen Münzzeichen (£, s, d) leiten sich von den römischen Münzen libra (£), solidus (s) und denarius (d) ab. Es gibt viele schöne Beispiele für Runeninschriften.

Für den Kontinentaleuropäer sind folgende Stücke von Interesse:

— Das Speerblatt von Kowel aus dem dritten Jahrhundert. Das Original ist 1945 verschollen.

— Die Felswand von Kårstadt in Norwegen.

— Der Stein von Möjbro, der im Historischen Museum der Stadt Stockholm zu besichtigen ist.

— Die Spange von Freilaubersheim (Kreis Alzey), zu sehen im Mittelrheinischen Landesmuseum, Mainz.

— Der Stein von Sparlösa vor der Salemskirche in Västergötland, Schweden.

— Die Felsplatte von Ramsund in Södermanland, Schweden.

3

Was Sie für das Runenorakel brauchen

Für Weissagungen aus den Runen brauchen Sie einen Satz von 25 Runensteinen und ein Tuch, auf das Sie die Steine werfen. Es gibt 24 Steine mit je einem Runenzeichen sowie einen leeren Stein. Das scheint kompliziert und teuer zu sein, ist es aber nicht. Für den Anfang können Sie auch 25 Dominosteine nehmen, auf deren Rückseiten Sie die Runenzeichen malen. Das Tuch kann ein Stück Papier sein, auf das ein Kreis mit 25 cm Durchmesser paßt.

Ernsthafte Praktiker des Runenorakels geben natürlich für die Steine und das Tuch mehr aus. Die folgenden Seiten zeigen einige Beispiele für Runen aus Holz, Terrakotta oder Porzellan. Auch die Tücher haben fantasievolle Designs. Der individuellen Fantasie sind keine Grenzen gesetzt, aber einige Grundelemente müssen stets vorhanden sein. Zubehör für das Runenorakel erhält man in esoterischen Buchhandlungen oder in Spezialgeschäften für Magie. Auch einige Versandhäuser verschicken entsprechendes Zubehör.

Das Grundtuch besteht aus Papier oder einem anderen Material und enthält drei konzentrische Kreise, die aufgemalt oder aufgestickt sind. Bei einer Runensteingröße von 2,5 cm sind die Idealdurchmesser der drei Kreise 7,5 cm, 18 cm und 25 cm. Diese Maße sind aber nicht absolut — sie sollen nur als allgemeine Richtlinien dienen.

Durch die drei Kreise werden vier Gebiete geschaffen: Der innere, der mittlere, der äußere Kreis und das Gebiet jenseits davon. Jedes Gebiet hat seine eigene Bedeutung für die Runen, die darauf fallen.

Der innere Kreis heißt »Skjebne«, das ist das norwegische Wort für »Schicksal«. In anderen Philosophien heißt das vielleicht »Karma«, aber dieser Begriff impliziert, daß das gegenwärtige Leben zwar nicht willkürlich und zufällig ist, wohl aber von Taten oder Zuständen in früheren Leben ab-

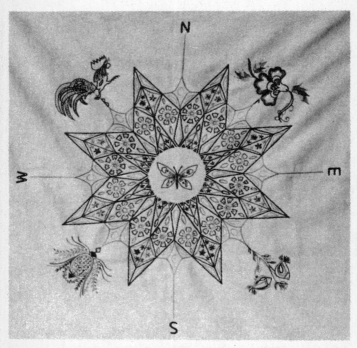

Viele Praktiker des Runenorakels passen das Grundmuster des Runentuchs ihren Bedürfnissen an. Dieses ausladende Design bewahrt die Grundgebiete der drei konzentrischen Kreise. Doch enthält das Tuch aufwendige Symbole, die es dem unbedarften Betrachter erschweren, die exakte Lage der Runen auszumachen. Dem Anfänger sind solche Tücher nicht zu empfehlen.

hängt. Die Assoziation des Begriffs »Schicksal« mit früheren Leben ist nicht unbedingt zwingend.

Der mittlere Ring ist unter dem Namen »äußeres Skjebne« (Schicksal) bekannt, und der äußere Ring wird in vier verschiedene Segmente mit jeweils eigenen Eigenschaften eingeteilt. Grob gesagt: Die Angelegenheiten verlieren an Geistigkeit und beziehen sich mehr auf die unmittelbare Umgebung des Fragenden, je weiter man von innen nach außen geht.

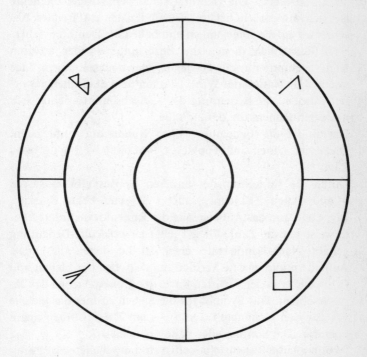

Das Grundtuch besteht aus drei konzentrischen Kreisen. Die äußere Fläche wird in vier Gebiete eingeteilt. Eine geworfene Rune kann auf einem von sieben Gebieten landen, wobei jedes Gebiet seine eigene Bedeutung hat.

Die äußeren vier Segmente haben verschiedene Namen. Bei manchen heißen sie Gesundheit, Zuhause, Reichtum und Erfolg. Solche Bezeichnungen können aber die Interpretation verwirren. Eine zweite Einteilung benennt die vier Segmente nach den traditionellen Elementen: Erde, Luft, Feuer und Wasser. Das ruft Bilder aus der Alchemie hervor, was ebenfalls Verwirrung stiften kann. Ebenso abzuraten ist von einer Anwendung astrologischer Symbole und Bedeutungen auf Tuch und Steine. Die Deutung als alchemistische Elemente ist noch immer recht beliebt. Wir sind in den erklärenden Abschnitten auf sie eingegangen und haben die Deutung verbessert. Tatsächlich dienen die Bezeichnungen der äußeren Kreisabschnitte nur zur Festlegung der wechselseitigen Lage und zur Definition des Winkels, unter dem die Runen geworfen wurden. Die Bedeutung der Kreisabschnitte richtet sich nach den Runen, die darauf fallen.

Darum ist die Benennung nach Runen am einfachsten. Diese vier Runen sind: Feoh (ψ), Biarkan (β), Ing ($\Diamond$) und Lagu ($\uparrow$).

Durch die Einteilung des äußeren Kreises gibt es sieben »Landestellen«: Skjebne, äußeres Skjebne, Feoh, Biarkan, Ing, Lagu und das Außengebiet der Runenkreise. Interessanterweise hat die Zahl »7« seit jeher eine okkulte Bedeutung gehabt. Nach Hippokrates erschafft die Sieben alle Dinge. Außerdem gibt es eine Verbindung zwischen der Sieben und Odin, wie er in der zwölften Karte der großen Arcana des Tarot erscheint. Das Symbol für die Sieben ist hier das gleiche wie für den Gehängten (Odin) — ein Dreieck über einem Quadrat. Die Summe aller Seiten ist gleich 7.

Aber auch die Runensteine selbst sind möglicherweise zufällig mit der Zahl 7 verknüpft. Wendet man die Regeln der Numerologie auf die Anzahl der Runensteine — 25 — an, dann erhält man $2 + 5 = 7$.

Ursprünglich waren wohl in das Runentuch selbst derartige eindeutig okkulte Symbole eingewoben. Doch hüten Sie sich davor, zuviel symbolische Bedeutung in das Muster des Runentuchs hineinzuinterpretieren.

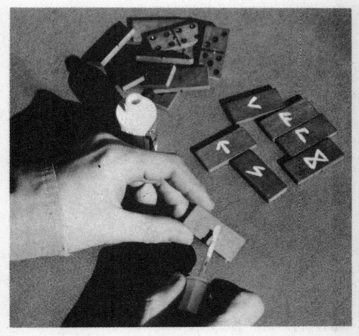

Am schnellsten stellt man Runensteine durch Bekleben oder Bemalen von Dominosteinen her, wobei man deren Rückseiten verwendet. Im Bild wird Korrekturflüssigkeit aufgetragen, aber auch Tinte, Filzstift oder Emaillefarbe ist geeignet.

Das einfachste Runentuch besteht aus Papier. Die Runensteine kann man genauso einfach herstellen. Wie schon erwähnt, leisten bemalte Dominosteine gute Dienste. Außerdem bereitet es keine Schwierigkeiten, die Runenzeichen selbst in weiches Holz zu ritzen. Die optimale Größe der Runensteine beträgt 25 mm x 25 mm x 6 mm. Dünnere Steine können nur schlecht auf der Kante stehenbleiben, was ein wichtiges Interpretationsmerkmal ist.

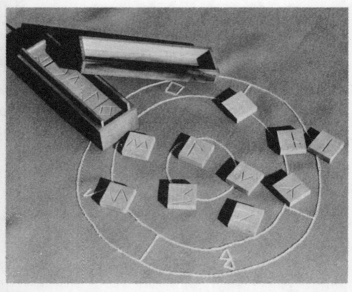

Dieser professionell gefertigte Runensatz besteht aus Birnenholz. Die Steine haben die Abmessungen 2,5 cm x 2,5 cm x 6 mm, und die Symbole wurden leicht in das Holz geritzt. Geeignet sind auch »Steine« aus Eiche, Ulme, Esche, Eibe, Rosenholz oder Birke. Dieser Runensatz stammt von Michael Westgate.

Runensteine aus Kiefer sind zwar brauchbar, aber nicht so ansprechend und »gewichtig« wie solche aus Ulmen-, Walnuß-, Eichen- oder ähnlichem Holz. Die in diesem Buch abgebildeten Runensteine wurden aus Birne gefertigt — einem besonders esoterischen Holz!

Runensteine können aus einer Vielzahl von Materialien hergestellt werden. Die Steine links sind aus Terrakotta und wurden grob gegossen. Sie geben das Gefühl echter Steine, sind schwer und beständig. Die Steine zur Rechten sind aus Porzellan. Hier sieht man sie vor dem Brennen und Glasieren. Die Zeichen werden dann in anderer Farbe aufgetragen. Diese Steine fühlen sich sehr glatt an.

Alle den Anhängern Odins bekannten nordeuropäischen Bäume hatten ihre eigenen magischen Eigenschaften. Der ernsthafte Runenweissager wird also niemals afrikanische oder südamerikanische Hölzer verwenden (wie Mahagoni, Teak, Afrormosia und Iroko). Sie sind zwar, praktisch gesehen, für die Weissagung durchaus geeignet, waren aber unseren Vorfahren aller Wahrscheinlichkeit nach unbekannt.

Runenzeichen sind nicht als Klebe- oder Reibebuchstaben erhältlich. Sie müssen deshalb eigenhändig aufgemalt werden. Da Runen nur aus geraden Linien bestehen, erfordert ihre Herstellung keine kalligraphischen Fähigkeiten. Gute Ergebnisse erzielt man mit Tusche, Filzstiften oder einfach mit schwarzer Farbe.

Für den Wagemutigen, der die Zeichen in Holz ritzen will, sind zwei scharfe Stichel von 12 und 6 mm erforderlich. Zuerst sollten die Zeichen auf das Holz gezeichnet werden, schön in der Mitte, nicht zu nahe am Rand. Bei weichen Hölzern besteht die Gefahr des Splitterns. Schneiden Sie unter einem Winkel von 45° von jeder Seite der Linie ein, so daß eine V-förmige Vertiefung entsteht. Die Zeichen können anschließend eingefärbt und der Stein lackiert werden. Vergessen Sie nicht: Ein Stein — der Schicksalsstein — bleibt leer.

4
Das Werfen und Deuten der Runen

Was die Runen den anderen Weissagungsmethoden — Tarot, I Ching u. a. — voraus haben, ist die Einfachheit und Schnelligkeit der Interpretation.

Legen Sie das Runentuch auf eine geeignete Unterlage — auf den Tisch, auf ein Tablett, auf ein Brett — und mischen Sie die Runensteine ähnlich wie Karten (wobei die Zeichen für Sie unsichtbar mit dem Gesicht nach unten liegen).

Aus den 25 Steinen wählt der Fragende 9 Stück und schüttelt sie zwischen den hohlen Händen durcheinander. Dann wirft er die Steine über das Tuch. Weisen Sie den Fragesteller darauf hin, daß Runen nicht wie Kegelkugeln geworfen, sondern sanft über das Tuch verstreut werden. Man öffnet einfach die Hände und läßt die Steine mit Schwung herausfallen.

Warum nur neun Steine? Einige Runenfreunde halten an der traditionellen Zahl 11 fest, andere bestimmen die Zahl der zu werfenden Steine nach numerologischen Methoden. Es gibt unzählige Methoden, aber die Praxis hat gezeigt, daß neun Steine in jeder Hand Platz haben und hinreichend viele Deutungselemente liefern. Doch gibt es noch eine bessere Begründung für die Zahl neun. Sie führt uns wieder zu Odin, wie er an der Weltenesche Yggdrasil hängt. Er brauchte neun Nächte, um die Geheimnisse der Runen zu erfahren. Darum soll der Fragende auch neun Steine werfen, einen für jede Nacht.

Jede Zahlenmystik sollte mit Vorsicht genossen werden. Die Kunst der Weissagung aus Zahlen (Numerologie) stammt aus ganz anderen Kulturen und hat nichts mit dem Orakel der Runen zu tun.

Mischt man Zahlenmystik mit dem Runenorakel, so ist das so ähnlich, als mische man Wasser mit Öl. Dennoch behaupten einige Praktiker, daß diese Mischung erfolgreich sei. Die Verbindung zwischen Zahlen und Buchstaben sieht so aus:

1	2	3	4	5	6	7	8
A	B	G	D	E	U	O	F
I	K	G	M	H	V	Z	P
Q	R	L	T	N	W		
J		S			X		
Y							

Das obige (von Numerologen bevorzugte) Schema stützt sich auf das hebräische Alphabet, wobei Anleihen bei den alten Griechen gemacht wurden. Die 9 fehlt, da sie angeblich den aus neun Buchstaben bestehenden Namen Gottes symbolisiert. Außerdem erscheinen die Buchstaben in ungewohnter Folge.

Der Weissagende verwandelt jeden Buchstaben des Namens seines Klienten in eine Zahl und addiert diese Zahlen zu dem Geburtsdatum. Danach wird so lange die Quersumme gebildet, bis eine Zahl kleiner als 9 entsteht.

Beispiel: John Smith wurde am 2. November 1958 geboren.

JOHN SMITH 2. 11.   1958
1+7+5+5   +3+4+1+4+5 +2+1+1+1+9+5+8 = 62 = 8 Steine

Nach dem Werfen der Runen muß eine Anzahl von Schlüsselstellungen gesucht werden. Sie ergeben sich aus den Steinen mit sichtbaren Zeichen, aus den Steinen mit verdeckten Zeichen und aus den Steinen, die auf der Kante liegengeblieben sind. Das erscheint zunächst schwierig, ist aber nur eine Frage der exakten Beobachtung.

Oft fallen viele Steine zu einem gemeinsamen Haufen. Manche überlappen sich, manche berühren einander. Diese Steine sind besonders wichtig. Sie haben Bezug zu den unmittelbarsten Schwierigkeiten und Problemen des Fragenden. Außerdem muß der Weissagende die Reihenfolge des Fallens herausfinden, damit die Lesung auch die richtige Reihenfolge hat. Man muß also die Steine beim Werfen genau beobachten. Mehrere Steine in einer Gruppe werden so numeriert, daß der dem Fragenden am nächsten liegende Stein die niedrigste Nummer bekommt.

In einigen Fällen kann der Weissagende deutlich eine Reihenfolge erkennen. Die Steine liegen dann so offen, daß sie keine Gruppe bilden, aber dennoch ein Muster erscheint. Eine Progression kann auch durch Steine entstehen, die durch ihre Bedeutung miteinander verknüpft sind. Manchmal bildet diese Bedeutungsfolge das Muster und nicht irgendwelche räumlichen Beziehungen.

Beim gleichen Wurf können auch »Gruppen zweiter Ordnung« entstehen, die beispielsweise nur aus zwei bis drei Steinen bestehen. Nomen est Omen: Ihre Bedeutung steht hinter der der Hauptgruppe. Manche Steine fallen einzeln auf das Tuch. Auch sie können direkt gedeutet werden. Sie beziehen sich auf Einzelereignisse, die aber für den Fragenden dennoch Bedeutung haben.

Steine mit der Rückseite nach oben deuten an, daß ihre Bedeutung dem Bewußtsein des Fragenden entzogen ist. Sie haben Bezug zu verborgenen Geschehnissen aus Vergangenheit, Gegenwart oder Zukunft des Fragenden, die aber einen direkten Bezug zur gegenwärtigen Situation haben. Ob im Guten oder Schlechten, hängt von ihrer Bedeutung und ihrer Lage auf dem Tuch ab. Manchmal bilden sie das Bindeglied zwischen *Be*wußtem und halb *Ge*wußtem.

Manchmal landen Runensteine auf der Kante. Sie haben eine einfache Deutung: Was immer auch ihre Bedeutung, die Folgen können die eine Richtung oder auch ihr Gegenteil einschlagen. Fällt ein solcher Stein mitten in eine Steinegruppe, so ist ihm besondere Aufmerksamkeit zu zollen.

Hat man die Lage eines jeden Steins erfaßt, seine Haltung und seine Beziehung zu anderen Steinen oder Steinegruppen, dann beginnt die Synthese der Einzelbedeutungen.

Stellen Sie sich jede Rune als isoliertes Wort in einem Satz vor. Um diesen Satz zu erkennen, muß zuerst die Bedeutung eines jeden Worts klar sein und ebenso die Beziehungen der Wörter untereinander. Das ist so, als ob Sie einen Satz rekonstruieren müßten, der nur aus Hauptwörtern besteht und keine Zeitwörter hat. Dazu brauchen Sie ein wenig Intuition, aber vor allem — wie bei jeder Kunst — viel Erfahrung.

Die Angelegenheit wird dadurch erleichtert, daß jede Rune mit einer allgemeinen Bedeutung versehen ist, die dem betreffenden Stein erhalten bleibt, egal wo und wie er liegt. Das ist die sogenannte Schlüsselbedeutung. Sie bezieht sich auf die Natur der Rune und auf das Gebiet, in dem sie wirkt. Die allgemeine Bedeutung wird durch sieben spezielle Bedeutungen unterstützt, die sich aus der Lage des gefallenen

Steins auf dem Tuch ergeben. Nur die Hagal-Rune bildet eine Ausnahme. Sie ist kein guter Stein!

Die Kombination der allgemeinen mit der speziellen Bedeutung einer Rune ist ein einfacher Prozeß. Aber in einer Steingruppe muß dieses Ergebnis in Beziehung zu den anderen Steinen gesetzt werden. Sie müssen sich daher ein Gesamtbild formen, welches sich aus den Einzelbestandteilen ergibt. Die Einzelbedeutungen finden Sie in den folgenden Kapiteln. Infolge der Vielschichtigkeit unserer Sprache gibt es zu jeder Bedeutung Alternativen, um Ihnen das Verknüpfen einzelner Runen miteinander zu erleichtern. Nicht jeder Stein fällt genau in eins der sieben Gebiete. Manche gehören zur Hälfte dem einen und zur Hälfte dem anderen Abschnitt zu, manche ragen mit einer Ecke in ein anderes Gebiet. Dabei müssen beide Gebiete und deren Anteile beachtet werden. Ein Beispiel soll dies zeigen.

Wenn die Ing-Rune (◊), die sich auf »Familie« bezieht, zur Hälfte innerhalb von SKJEBNE (Veränderungen, die zu Verbesserungen führen) und zur Hälfte außerhalb von SKJEBNE (Wohnungswechsel) liegt, dann wird dies so gedeutet, daß ein Ortswechsel zur allgemeinen Verbesserung der Lage führt; vielleicht durch Gewinn an Raum, durch bessere Gesundheit, oder ganz allgemein durch Verbesserung der Lebensverhältnisse in einer anderen Gegend.

Wenn die Nauths-Rune (ᚾ), die eine Warnung darstellt, hauptsächlich in der Lagu-Gegend (ᛚ) liegt (sie bedeutet Ablehnung, Verleugnung), mit einer Ecke im äußeren Schicksalsgebiet (= Geduld), dann wäre die wahrscheinlichste Deutung: Pläne des Fragenden führen zu nichts. Doch gibt es einen kleinen Hinweis auf Ermutigung, nicht aufzugeben, dabei zu bleiben; nicht alles ist völlig verloren, was der Fall gewesen wäre, hätte die Rune ganz im Wasser gelegen.

5
Beispiele

Am besten lernt man das Runenorakel an Hand praktischer Beispiele. Deshalb zeigen wir sechs echte Würfe und ihre Interpretation. Nur die Namen der Fragenden wurden geändert; die Details blieben unverändert. Auf jedem Bild weist ein Pfeil auf die Wurfrichtung hin. Grau hinterlegte Steine landeten mit der Inschrift nach unten. Die Steine wurden in der Reihenfolge des Wurfs durchnumeriert.

BILD 1

Name: Nicola
Alter: 32
Beruf: Kunsthandwerkerin
Hintergrund: Baut sich gerade eine neue Töpferei mit wenig Eigenkapital auf. Denkt im Augenblick auch viel an ihre neue Liebesbeziehung.

Hauptprogression: Steine 1—5

1. Jar in Lagu außerhalb von Skjebne: Verweist auf eine Aufbauphase mit wenig greifbaren Ergebnissen.

2. Odal innerhalb und außerhalb von Skjebne: Bis zur Anerkennung ihrer Werke wird noch einige Zeit vergehen.

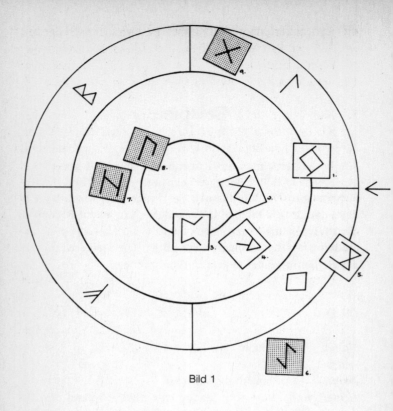

Bild 1

Doch sie muß weiter hart arbeiten. Probleme könnten sich bezüglich Besitz oder Erbschaften ergeben.

3. Peorth innerhalb und außerhalb von Skjebne: Ihre neu entdeckte Sexualität und ihre Gefühlsbindung könnten ihrer Arbeit eher schaden als nützen. Wahrscheinlich handelt es sich nur um eine angenehme Ablenkung, obwohl die Fragende mehr hineinlegt. Sie sollte die Angelegenheit zu ihrem Vorteil lenken.

4. Rad außerhalb von Skjebne: Bestätigt den Gedanken, daß der Erfolg nur durch ihre eigenen Anstrengungen kommt und die Arbeit mit großem Ernst angegangen werden sollte. Führt möglicherweise zu einer Reise.

5. Man in Ing und außerhalb des Kreises: Nicht alle stehen auf ihrer Seite. Sie muß Augen und Ohren offenhalten, um Zeichen des Verrats oder der Täuschung frühzeitig wahrzunehmen.

Zusammenfassung: Zu allererst steht die Arbeit, die sehr ernst genommen werden muß, soll der Erfolg sich einstellen. Sie sollte Ablenkungen meiden und auf unerwartete Widerstände vorbereitet sein.

6. Einzelstein — Yr mit der Aufschrift nach unten außerhalb des Kreises: Bei der Verfolgung ihrer ehrgeizigen Pläne könnte es zu gesundheitlichen Problemen kommen. Es könnte auch ihre Liebesbeziehung meinen, ihre Arbeit oder den Konflikt zwischen beiden.

Nebenprogression: Steine 7 und 8

7. Hagal außerhalb von Skjebne: Störungen können auftreten, die die Fragestellerin weder kennt noch beeinflussen kann.

8. Ur zum Großteil außerhalb von Skjebne, aber auch noch ein wenig innerhalb: Wohlwollende Einflüsse aus der Ferne, auf die sie aber rasch reagieren muß.

Zusammenfassung: Hinter den Kulissen spielen sich Dinge ab, die zu einer Verbesserung ihrer Lage führen könnten —

obwohl es äußerlich nicht so scheint. Sie muß sich darauf einstellen, rasch handeln zu müssen.

9. Einzelstein — Giba in Lagu: Deutet auf gemeinsame Unternehmungen als eine Möglichkeit des Erfolgs hin.

Gesamtschau: Nicola wird nicht über Nacht Erfolg haben. Was auch immer geschieht, sie braucht Konzentration, Entschlossenheit und harte Arbeit. Es wird eine Reihe von Ablenkungen und Hindernissen auf ihrem Weg geben, die im Gesamtzusammenhang gesehen und entsprechend behandelt werden müssen. Viele der drängendsten Probleme können durch den Gedanken an gemeinsame Unternehmungen oder eine Partnerschaft gelöst werden.

Ergebnis: Nicola hat sich durch Gefühle von ihrer Arbeit abhalten lassen. Zur Zeit entsprechen ihre beruflichen Unternehmungen nicht ihrer Erwartung.

BILD 2

Name: Geoffrey
Alter: 35
Beruf: Ingenieur
Hintergrund: Lebt mit Frau und vier Kindern auf einem Hausboot. Verkaufte vor kurzem sein Geschäft wegen Auswanderungsplänen. Hat viel Zeit und Geld ins Aufpolieren seines Bootes gesteckt, da er es ins Ausland mitnehmen will.

Hauptprogression: Steine 1—5

1. Thorn außerhalb des Kreises verdeckt: Es besteht die Gefahr, daß Geoffrey etwas mißverstanden hat, was für seine Pläne lebensnotwendig ist. Er muß dies sofort nachprüfen.

2. Peorth außerhalb von Skjebne: Es scheint Probleme mit Besitz oder Wertpapieren zu geben, die er veräußern will. Nach Lösung dieser Probleme geht alles glatt.

3. Eh innerhalb von Skjebne: Trotz der Schwierigkeiten ist die Erfüllung seiner Pläne in Sicht. Alle losen Enden verknüpfen sich zu einem geschlossenen Faden.

4. Biarkan innerhalb von Skjebne: Infolge der starken Verknüpfung seines Heims und seiner Familie mit seinen Plänen wird die Zukunft seine Familie noch stärker einigen.

5. Yr innerhalb und außerhalb von Skjebne: Zeigt sehr

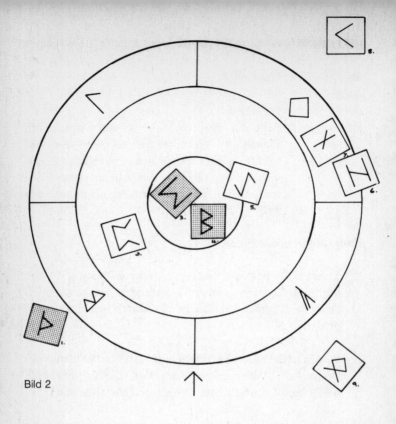

Bild 2

deutlich, daß der Fragesteller Abkürzungen meiden und Entwicklungen nicht beschleunigen soll. Er sollte klug wirtschaften und sich nicht überarbeiten.

Zusammenfassung: Dieser Teil des Wurfs stimmt mit den Plänen des Fragestellers gut überein. Er weist den Fragesteller darauf hin, alle Wege und Pläne zu überprüfen, um Verzögerungen zu vermeiden, sowie alle Arbeiten mit Sorgfalt durchzuführen, da seine Zukunft davon abhängt.

Nebenprogression: Steine 6 und 7

6. Hagal in Ing und außerhalb des Kreises: Deutet auf störende Ereignisse jenseits des Einflußbereichs des Fragestellers hin.

7. Nauths in Ing: Warnung an den Fragesteller, daß Probleme und Hindernisse auftauchen, denen er mit Geduld und Logik zu Leibe rücken sollte.

Zusammenfassung: Äußerlich keine guten Neuigkeiten — die Kombination der beiden Steine zeigt, daß die Schwierigkeiten bestehen bleiben.

8. Einzelstein — Kaon außerhalb des Kreises: Die Pläne des Fragestellers werden zum Abschied von Bekannten und zum Verlust von Freunden führen. Er muß dies ernsthaft bedenken.

9. Einzelstein — Odal außerhalb des Kreises: Der Fragesteller muß auf große Sorgfalt bei seinen Unternehmungen achten. Könnte auch auf Geräte hindeuten, die unsicher oder einfach fehlerhaft und unbrauchbar sind.

Gesamtschau: Der Wurf enthüllt ziemlich klar, daß Geoffreys beabsichtigtes Unternehmen ein Erfolg sein wird, obwohl viele Frustrationen vor der Abreise ihn an seiner Idee zweifeln lassen werden. Außerdem muß sich Geoffrey darüber im klaren sein, daß er viele Freunde zurückläßt, was ihn allerdings noch mehr an seine Familie bindet. Er muß sein Unternehmen so gut wie möglich vorbereiten und darf dabei nichts auslassen. Technische Schwierigkeiten und Probleme sonstiger Natur sind ebenfalls angezeigt.

Ergebnis: Geoffrey hatte wegen seines Bootes große Ausgaben. Sein Boot war zu hoch und konnte nicht unter den Brücken der französischen Kanäle durchfahren, weshalb er es mit Ballast füllte. Er kämpfte mit Schwierigkeiten, die ihm Generatoren und Pumpen bereiteten. Der Verkauf seiner Aktien war zwar in die Wege geleitet, aber nicht durchgeführt worden.

BILD 3

Name: Michael
Alter: 36
Beruf: Reporter
Hintergrund: Kürzlich geschieden, lebt Michael jetzt mit einer anderen Frau zusammen. Unsichere Arbeitssituation mit der Gefahr der Kündigung.

1. Einzelstein — Thorn in Feoh: Er kann haben, was er am meisten wünscht, vorausgesetzt, er wartet ab und vermeidet unnötige Risiken. Dieser Stein verweist auf ein besonderes Begehren oder einen speziellen Ehrgeiz.

2.+3. Gruppensteine überlappen sich. Eh verdeckt auf Biarkan, beide in Feoh: Die Kombination dieser Steine deutet hier auf eine gescheiterte Ehe oder Partnerschaft hin, doch da eine enge Verbindung zum bestehenden Familienkreis vorliegt, muß damit nicht unbedingt der Fragesteller gemeint sein.

4. Einzelstein — Kaon verdeckt und außerhalb von Skjebne: Unabhängig von der Wahrheit der beiden vorigen Steine deutet dieser Stein auf eine Verwicklung in eine angenehme, aber bedeutungslose Affäre hin.

5. Einzelstein — Ur innerhalb und außerhalb von Skjebne: Karrieremäßig muß der Fragesteller eine neue Gelegenheit ergreifen, die sich aus dem Ausland bietet. Sie wird eine Verbesserung bewirken, die in der gegenwärtigen Arbeitssituation nicht möglich ist. Ein Zögern könnte den Verlust dieser Chance bedeuten — und diese Chance kommt nicht wieder.

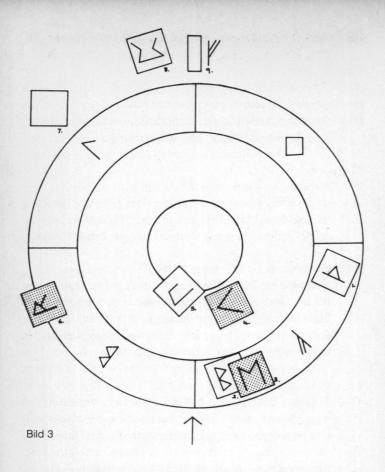

Bild 3

Steine 6 und 7 (eigentlich keine Gruppe, aber gemeinsam besser deutbar):

6. Rad in Biarkan und außerhalb des Kreises: Die Risiken des Fragestellers in Beruf oder Ehe führen zu seinem Niedergang. Er muß seine Pläne völlig neu überden-

ken. Der Niedergang wird zu finanziellen Verlusten führen, für die der Fragesteller Vorsorge treffen muß.

7. Skjebne außerhalb des Kreises: Die Umkehrung der in der vorherigen Rune vorausgesagten Pläne sind nicht nur als Unglück zu betrachten, sondern als notwendige Lektion. Die Botschaft ist klar: Er muß aus Fehlern lernen.

Gruppensteine 8 und 9:

8. Peorth außerhalb des Kreises: Der Fragesteller sollte sich mehr mit den Belastungen durch seine Gefühle zufriedengeben und nicht immer einem bloßen Traumgespinst nachjagen.

9. Feoh auf der Kante des Kreises: Starke Verbindung mit Runenstein 8. Deutet an, daß der Fragesteller weitere gefühlsmäßige Schwierigkeiten, Streitereien und Zusammenstöße, ja sogar eine Trennung vermeiden kann, wenn er eine positive Einstellung zu dem bekommt, was er hat. Der Weg ist offen — es liegt an ihm.

Gesamtschau: Dieser Wurf war insofern interessant, als nicht alle Steinegruppen und isolierten Steine sichtbar miteinander verknüpft waren. Es waren weniger die Punkte auf der Fläche als mehr die Interpretationen, welche eine logische Verknüpfung herstellten. Der Wurf weist den Fragesteller sehr deutlich darauf hin, daß all seine Übel von ihm selbst stammen — niemandem sonst kann man die Schuld geben. Erfolg im Beruf und in der Liebe stellt sich erst dann ein, wenn der Fragesteller seinen Blick von den Wolken löst und hart zu arbeiten beginnt, in beiden Bereichen. Neue Gelegenheiten werden sich ergeben.

Ergebnis: Michael verlor tatsächlich seine Arbeit, aber es ergaben sich neue Chancen — nicht aus dem Ausland, sondern von anderer Stelle im Inland. Seine neue Karriere entwickelt sich erfolgreich, obwohl er jetzt weniger verdient. Seine neue Familie ist ebenfalls ein großer Erfolg.

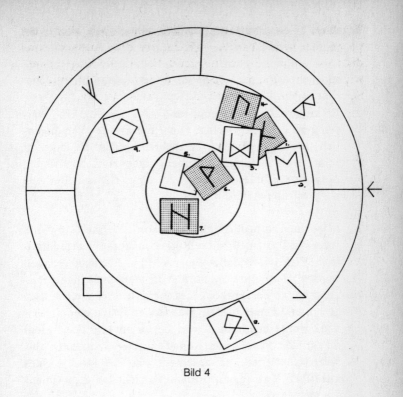

Bild 4

BILD 4

Name: Derek
Alter: 53
Beruf: Vertreter
Hintergrund: Seit vielen Jahren geschieden, hat eine langjährige Freundin. Lebt allein und arbeitet als freier Handelsreisender.

Hauptgruppe: Steine 1—4

1. Giba versteckt außerhalb von Skjebne: Ein Mensch, den der Fragesteller in der Vergangenheit sehr liebte (wahrscheinlich eine Frau) wird wiederkommen. Das könnte dazu führen, daß er seine Gefühlssituation überdenkt.

2. Eh außerhalb von Skjebne (auf Giba ruhend): Eine Warnung an den Fragesteller: Die ›Frau aus der Vergangenheit‹ muß mit Vorsicht betrachtet werden. Es kann zu schweren Belastungen kommen, und er muß sich fragen, ob seine Gefühle echt sind oder ob es sich nur um eine aufgewärmte Affäre handelt.

3. Man innerhalb und außerhalb von Skjebne (auf Giba ruhend): Das ist für diese Rune eine komplizierte Situation. Vieles muß dabei gleichzeitig in Betracht gezogen werden. Der Stein verweist auf die geschäftlichen Unternehmungen des Fragestellers, betrifft aber auch seinen gesamten Lebensstil. Die Frau in den ersten beiden Steinen könnte ebenfalls davon betroffen sein. Der Stein macht den Fragesteller darauf aufmerksam, auch das Kleingeschriebene zu beachten, also die Details eines künftigen Vertrags zu prüfen. Vorsicht bei Experimenten aller Art!

4. Ur versteckt außerhalb von Skjebne (auf Giba ruhend): Auch dieser Stein umfaßt des Lebens Harmonie. Er beläßt die Dinge ruhig und stabil. Unvermutet wird sich eine Gelegenheit ergeben, mit der ein Wohnungswechsel verbunden ist. Das kann aber noch seine Zeit dauern.

Zusammenfassung: Klare Hinweise mahnen zur Sorgfalt bei der Beurteilung von Details im Geschäfts- und im Gefühlsbereich. Beide Bereiche führen zu Problemen, wenn sie nicht sorgfältig behandelt werden. Weitere unerwartete Ereignisse, diesmal angenehmer Natur, liegen in der Zukunft.

5.+6. Wunjo verdeckt auf Is innerhalb von Skjebne: Der Fragesteller wird die Person, die er wirklich liebt, in naher Zukunft verlassen. Das wird ihn sehr traurig machen und sein Herz verhärten. Wunjo deutet darauf hin, daß es schließlich unter weit besseren Umständen zu einer Wiedervereinigung kommen wird.

7. Einzelstein — Hagal innerhalb und etwas außerhalb von Skjebne: Dieser Stein deutet auf Störungen durch Naturereignisse hin. Die naheliegendste Interpretation: eine Krankheit, die seine Pläne behindert oder verändert.

8. Einzelstein — Odal in Lagu: Persönliche Ziele sind nicht auf die einfache Art zu erreichen; er braucht Willenskraft und Entschlossenheit.

9. Einzelstein — Ing außerhalb von Skjebne: Ein klarer Hinweis auf die Begegnung mit neuen Gesichtern und Möglichkeiten zu Hause.

Zusammenfassung: Der Fragesteller sollte den Verstand über sein Herz regieren lassen, sowohl bei geschäftlichen als auch bei Gefühlsangelegenheiten. Er soll aufs Detail achten. Wohnungswechsel oder andere Veränderungen sind wahrscheinlich. Sie bereiten am Anfang Schwierigkeiten, führen aber letzten Endes zum Erfolg.

Ergebnis: Die Dame aus der Vergangenheit ist zwar noch nicht erschienen, aber der Fragesteller hat bereits geschäftliche Verluste hinnehmen müssen, weil er sich zu wenig um Einzelheiten kümmerte bzw. seine Wünsche nicht klar genug formulierte. Zur Zeit bestehen Pläne der Umsiedlung in ein südliches Land am Meer, und die Arbeit wird entsprechend ausgerichtet.

BILD 5

Name: Eileen
Alter: 40
Beruf: Verkäuferin
Hintergrund: Einige Jahre hat sie ihre Familie allein durchgebracht. Jetzt lebt sie mit einem Mann zusammen, der klare Berufsvorstellungen hat, die sich mit einigen der ihren decken. Vor Etablierung der neuen häuslichen Gemeinschaft gab es beträchtliche emotionale Ausbrüche. Sie ist eine harte Geschäftsfrau.

Der Wurf zeigt sechs verdeckte Steine, was bedeutet, daß viele unerwartete Ereignisse eintreten werden.

1. Einzelstein — Daeg in Ing und außerhalb des Kreises: Pläne und Unternehmungen der Fragestellerin werden um ihrer selbst willen getätigt, aber es fehlt an Anerkennung.

Gruppensteine: 2 und 3 gemeinsam gedeutet

2.+3. Jar verdeckt außerhalb des Kreises und Rad verdeckt in Ing: Warnung an die Fragestellerin, ihre Pläne vorläufig geheimzuhalten. Außerdem wird sich ein Studienobjekt als Zeitverschwendung erweisen.

Gruppensteine: 4 und 5 gemeinsam gedeutet

4.+5. Ing verdeckt außerhalb des Kreises und Skjebne in Ing: Ein Unbekannter legt in einer Angelegenheit, die ihre Familie betrifft, falsches Zeugnis ab, was zu einer heiklen Situation führt.

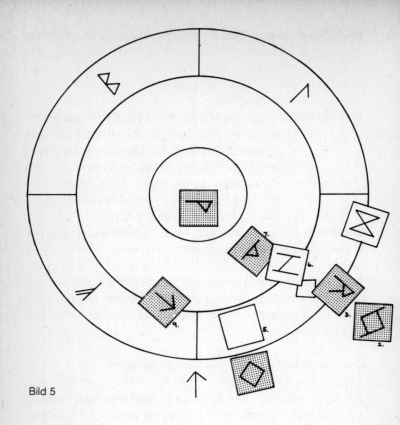

Bild 5

Gruppensteine: 6 und 7 gemeinsam gedeutet

6. + 7. Hagal außerhalb von Skjebne und in Ing auf Thorn, die verdeckt außerhalb von Skjebne liegt: Wieder ein Hinweis auf eine unangenehme Situation, die nicht im Einflußbereich der Fragestellerin liegt. Um der Weissagung dieser Steine zu begegnen, sollte die Fragestellerin unüberlegte Entscheidungen meiden.

8. Einzelstein — Wunjo verdeckt innerhalb von Skjebne: Eine nahestehende Person wird einen plötzlichen Besuch abstatten — wahrscheinlich eine andere Frau. Es wird eine Gelegenheit zum Feiern geben.

9. Einzelstein — Tiu verdeckt in Feoh und außerhalb von Skjebne: Ein geheimer Wunsch geht bald in Erfüllung. Es kann sich um eine Erweiterung einer bereits bestehenden Angelegenheit handeln — aber auf einer anderen Wellenlänge.

Gesamtschau: Die Fragestellerin verbringt einen Teil ihrer Zeit mit produktiver Arbeit, doch werden diese Unternehmungen von einem anderen nicht entsprechend gewürdigt — vielleicht von ihrem neuen Gatten? Es wird ihr aber in Zukunft gute Dienste erweisen und ihr neue Wege in der Arbeit und zu Hause aufzeigen. Viele Ereignisse scheinen zufällig und liegen außerhalb ihres Einflusses. Stein 8 erklärt sich selbst. Trotz kleinerer Unregelmäßigkeiten erscheint die Zukunft sicher.

Ergebnis: Neue geschäftliche Unternehmungen bahnen sich an, was einen Ortswechsel mit sich bringen wird. Ihr jetziges Geschäft läuft nicht mehr so gut, weil nebenan ein anderes Geschäft eröffnete. Sie hat einen handwerklichen Kurs an einer Bildungsinstitution in der Nachbarschaft belegt. Ihre älteste Tochter kehrte jüngst aus Südafrika zurück. Durch den Umzug ergab sich die Gelegenheit zu einer Beschäftigung, die schon immer ihr Interesse geweckt hatte.

BILD 6

Name: Marjorie
Alter: 51
Beruf: Theaterverwalterin
Hintergrund: Infolge eines zerbrochenen Elternhauses litt Marjorie unter einer sehr unglücklichen Kindheit. Sie lebt mit einem älteren Verwandten zusammen. Ihre einzige Freizeitbeschäftigung sind Bootsfahrten. Gefühlsmäßig ist sie ungebunden — ihre letzte Affäre hatte sie mit einem bekannten Schauspieler.

Hauptgruppe: Steine 1—3

1. Man außerhalb von Skjebne: Deutet auf mögliche Schwierigkeiten durch einen Vertrag hin, wobei Mißverständnisse wahrscheinlich sind. Lösung: Nichts delegieren, als ihr eigener Botschafter fungieren.

2. Kaon außerhalb von Skjebne: Es wird zu einem Mißverständnis zwischen ihr und einer gut bekannten Person kommen; entweder handelt es sich dabei um einen guten Freund oder um einen Verwandten. Mit Sicherheit bewundert sie diese Person.

3. Is verdeckt in Lagu und außerhalb von Skjebne: Hier ergibt sich ein Zwiespalt. Es kommt zu einer Abkühlung der Gefühle, die darauf entsteht, daß die Fragestellerin diesen Freund oder Verwandten in einem anderen Licht sieht. Es kann sich aber auch um eingefrorene Vermögenswerte oder um die bereits erwähnten Vertragsschwierigkeiten handeln.

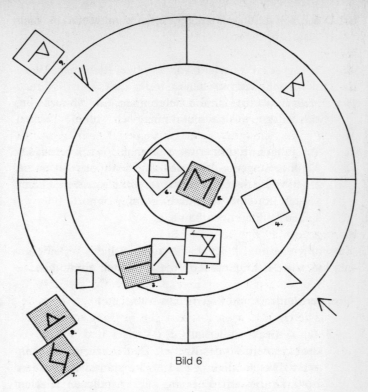

Bild 6

Zusammenfassung: Die Fragestellerin verliert mit großer Wahrscheinlichkeit etwas, vermutlich einen Vermögensanteil oder einen Freund, besonders bei Nichtbeachtung des Kleingeschriebenen in einem Vertrag oder durch die Unfähigkeit, ihre Wünsche klar zu formulieren.

Hauptprogression: Steine 4—6

4. Skjebne außerhalb von Skjebne: Die Fragestellerin wird sich bald in einer schwierigen Situation befinden,

die sich schon seit einiger Zeit ankündigt und die nicht ungelöst bleiben darf.

5. Eh verdeckt innerhalb von Skjebne: Reformen, Veränderungen, Wechsel liegen in der Luft. Für die Fragestellerin ergibt sich die Gelegenheit, zur Abwechslung das zu tun, was sie schon lange tun wollte.

6. Ing innerhalb und etwas außerhalb von Skjebne: Die Veränderungen werden sich angenehm auswirken und einen völlig neuen Lebensabschnitt einleiten. Es könnte sich um eine Veränderung des Wohnorts oder der Lebensbedingungen handeln.

Zusammenfassung: Alles deutet auf häusliche Veränderungen hin, die der Fragestellerin mehr Freiheit einräumen.

Gruppensteine: 7 und 8 gemeinsam gedeutet

7.+8. Jar verdeckt außerhalb des Kreises und Thorn verdeckt außerhalb des Kreises: Deutet erneut auf mangelnde Verständigung und Mißverständnisse hin und bestärkt die Aufforderung zur kristallenen Klarheit bei der Formulierung der eigenen Vorstellungen. Ein erwarteter Vorteil wird sich nicht einstellen, weshalb die Pläne umgelagert werden müssen.

9. Einzelstein — Wunjo außerhalb des Kreises: Trotz der gegenwärtigen Bindungslosigkeit der Fragestellerin besteht eine tiefe Zuneigung zu einer Person, die offenbar alles verkehrt macht. Sie selbst muß dieser Person den richtigen Weg zeigen.

Gesamtschau: Die Fragestellerin soll damit aufhören, auf das zu warten, was nicht eintreten wird. Sie sollte ihr Leben dementsprechend neu ordnen. Häusliche Veränderungen bringen ihr Vorteile. Ihre Schwäche liegt darin, daß sie sich nicht klar genug ausdrückt, was ihr künftiges Glück negativ beeinflussen könnte. Sie sollte einen guten Freund vor seinem wirren Denken warnen.

Ergebnis: Der Wurf ist nicht sehr klar oder konkret, was wahrscheinlich die augenblickliche Art zu denken (oder nicht zu denken) widerspiegelt. Keiner der verborgenen Vorteile oder Wechsel im Familienleben ist bis jetzt eingetreten.

*

Eine Studie dieser sechs Beispiele zeigt, wo Zweideutigkeiten aufkommen können. In solchen Situationen muß der Weissagende sorgfältig die Hauptthemen und Hauptbedeutungen miteinander verknüpfen, jeweils für die Steine einer Gruppe oder Progression. Außerdem ist in solchen Fällen ein wenig Intuition gefragt.
Interessanterweise erhalten die Fragesteller, die ihre Angelegenheiten ernst nehmen und sich auf ihre Probleme während des Runenwerfens konzentrieren, auch die klarsten Antworten. Ist das Zufall? Der sechste Fragesteller hatte am wenigsten Bezug zu seinen Problemen, und entsprechend nichtssagend fielen die Antworten aus.
Vor der nächsten Lektion sollte der angehende Praktiker diese sechs Beispiele nochmals durcharbeiten, dabei aber seine eigenen Interpretationen verwenden, wobei er sich auf die Deutungen der folgenden Seiten stützen sollte. Ein Vergleich der eigenen Ergebnisse mit den hier wiedergegebenen wird Aufschluß über die bisher erworbenen Deutungsfähigkeiten geben.

6
FREYAS ACHT

FEOH ᚠ

Diese Rune regiert die LIEBE.

Einige Schlüsselwörter: gefühlvoll, freundlich, sanft, liebevoll, Zuneigung, Freundschaft, sentimental, Begehren, Verlangen, Romantik, Leidenschaft, Wertschätzung, jemanden liebhaben, für jemanden sorgen.

Die FEOH-Rune (ᚠ) innerhalb von SKJEBNE (□)
Hauptbedeutung: Liebe jenseits der Norm.
Zusatzbedeutungen: größer als normal, gigantisch, unermeßlich, enorm, völlig, kolossal, atemberaubend, außergewöhnlich; kennt keine Grenzen, über allem schwebend, überwältigend, dem folgenden überlegen:
dem Normalen, Gewohnten, Traditionellen, dem Modell, der Regel, der Formel, dem Üblichen, dem Alltäglichen.

Die FEOH-Rune (ᚠ) außerhalb von SKJEBNE (▣)
Hauptbedeutung: Bewahren, um zu gewinnen.
Zusatzbedeutungen: auf Eis legen, aufbewahren, konservieren, beschützen, am Leben erhalten, speichern, sparen, einen Vorrat anlegen, sich um etwas/jemanden kümmern, schätzen, hochhalten, die Funktionsfähigkeit aufrechterhalten, warten, füttern;

die Zukunft hält bereit: gewinnen, profitieren, Vorteile haben, ansammeln, verdienen, ernten, belohnt werden, erreichen, erlangen, hineingelangen, im Spiel Erfolg haben, Erfolg allgemein.

Die FEOH-Rune (ᚠ) im Luftquadranten (ᚠ)
Hauptbedeutung: erfüllte Liebessehnsüchte — Zufriedenheit.
Zusatzbedeutungen: Wünsche, Sehnsüchte, Erwartungen, Begehren, was man braucht, Wunsch nach Zuneigung, Sanftheit, Einheit, Leidenschaft;
wirklich geworden, zur Tat gewandelt, zum Handeln gebracht, existent geworden, durchgeführt, real;
bringt mit sich: Freude, Wohlbefinden, Vergnügen, Glück, Genuß, Zufriedenheit.

Die FEOH-Rune (ᚠ) im Erdquadranten (ᚢ)
Hauptbedeutung: Wohlbefinden
Zusatzbedeutungen: Zufriedenheit, Komfort, entspannt, euphorisch, Friede, Entzücken, Glück, Zustimmung, Erleichterung, Freude, Gesundheit und Reichtum, ganz obenauf schwimmen, Erfolg, Glückssträhne, goldene Hand, Schönwettertage, alles geht gut, das Glück lächelt einem zu, auf Rosen gebettet.

Die FEOH-Rune (ᚠ) im Wasserquadranten (◊)
Hauptbedeutung: Steigerung der körperlichen und der geistigen Liebe.
Zusatzbedeutungen: größer werden, wachsen, strecken, größer machen, Sanftheit, Freundschaft, Zuneigung, Begehren, Romanze, Leidenschaft, schätzen, liebhaben, sich sorgen um; körperlich, sinnlich, natürlich, sexuell; seelisch, geistig, tiefe innere Gefühle, göttlich, inspiriert, fast heilig oder religiös.

Die FEOH-Rune (ⵋ) im Feuerquadranten (↑)
Hauptbedeutung: Heirat.
Zusatzbedeutungen: Ehestand, Partnerschaft, Leben zu zweit, Ehesegen, Liebesgemeinschaft, Verlobte, den/die Geliebte entführen, Mann und Frau, Zusammengehörigkeit, gut zusammenpassen, heiraten, sich verbinden, einen Knoten bilden, aneinander gekettet sein, eine Familie gründen, ein Haus bauen, Buße tun.

Die FEOH-Rune (ⵋ) außerhalb des Runenkreises (∅)
Hauptbedeutung: Unstimmigkeit/Scheidung
Zusatzbedeutungen: Zwist, Kontroverse, Argumente, Krach, Nörgelei, Zusammenstoß, Auseinanderreißen, Bruch, über Kreuz, feindlich, gegensätzlich, unvereinbar, Streit, Kampf, abtrünnig, Verlust der Harmonie;
eigene Wege gehen, abbrechen, losschneiden, zurückziehen, sich trennen, frei sein, allein sein, Isolation, Absonderung, sich abkapseln, den Knoten lösen.

UR ⌐

Diese Rune regiert ENTFERNTE EINFLÜSSE.

Schlüsselwörter: weit weg, fernab (zeitlich oder gefühlsmäßig), nicht nahe oder intim, unsichtbare Einflüsse, ausüben, beeinflussen.

Die UR-Rune (⌐) innerhalb von SKJEBNE (□)
Hauptbedeutung: Gelegenheiten aus der Ferne — sei bereit zum Handeln.
Zusatzbedeutungen: Möglichkeiten, Anfänge, zeitlich festgelegte Chancen für Gewinn, eigenartige Schicksalswen-

dungen, weitreichende Aspekte, Freiheit, Wahlmöglichkeiten;
sie kommen: aus der Ferne, von weit her, aus dem Unbekannten, aus der Zukunft, von jenseits, nicht lokal, unsichtbar, an den Grenzen der Wahrnehmung.
Sei bereit: wachsam, auf Abruf, gelassen, vorbereitet, bereit zum Gehen, zum Handeln, tatenfroh, aktionswillig, versuch es, nimm die Chance wahr, führe durch, nimm teil.

Die UR-Rune (ᚢ) außerhalb von SKJEBNE (⊙)
Hauptbedeutung: Verbesserung durch Veränderung.
Zusatzbedeutungen: Verbesserung, Erhöhung, guter Einfluß, etwas machen, Bereicherung, Erholung, Erweiterung, vergrößern, wiederherstellen, sammeln, zusammenraffen;
wird erreicht durch: Wechsel, Veränderung, Modifikation, Anpassung, Gegensatz, Vielseitigkeit, Durchbrechen der Routine, Flexibilität, Ersatz eines Teils durch ein anderes, Erschütterung, Durchbruch.

Die UR-Rune (ᚢ) im Luftquadranten (ᛉ)
Hauptbedeutung: Chance, die man nicht vergeuden sollte.
Zusatzbedeutungen: Möglichkeit, die richtige Zeit, günstige Gelegenheit, Eröffnung, Geschenk des Himmels, Strahl des Glücks, vom Schicksal beschenkt, glücklicher Umstand, wagemutiger Einsatz;
nütz es aus, verwende es, gebrauche es gut, versäum es nicht, hol das Beste heraus, mach es zu Geld, schlage Gewinn daraus, vergnüg dich daran, setze es als Kapital ein, kassiere, nimm es mit beiden Händen.

Die UR-Rune (ᚢ) im Erdquadranten (ᛒ)
Hauptbedeutung: Denk an morgen — sei nicht starrsinnig.
Zusatzbedeutungen: Denk an die Zukunft, studiere, meditie-

re, mach dir Gedanken, berücksichtige, denke nach, wäge ab:
den morgigen Tag, Aussichten, Möglichkeiten, die Zukunft, kommende Ereignisse, was die Zukunft bereithält, was da kommen wird, schließlich, letztendlich.
Sei nicht: unbedacht, rücksichtslos, impulsiv, zu hastig, eigensinnig, unnachgiebig, pervers, dickschädlig, töricht.

Die UR-Rune (ᚢ) im Wasserquadranten (◊)
Hauptbedeutung: Besucher von weit her.
Zusatzbedeutungen: Menschen, die: kommen, dich sehen wollen, aus Freundschaft oder wegen eines gesellschaftlichen Ereignisses, aus geschäftlichen Gründen, aus Neugier, einfach so, zur Tür hereingeschneit, zurückkommen, vorübergehend bleiben;
von weit her, nicht vom Wohnort, aus der Ferne, aus anderen Ländern oder Kontinenten, aus anderen Lebensgemeinschaften.

Die UR-Rune (ᚢ) im Feuerquadranten (╎)
Hauptbedeutung: Habe Zutrauen in dein eigenes Urteil.
Zusatzbedeutungen: Habe: Glauben, Vertrauen, Sicherheit, traue, nimm an, schwöre auf, verstehe, verlaß dich auf, hege keine Zweifel, bekenne dich: zur eigenen, unabhängigen, privaten Meinung, ohne Rückgriff auf andere, zum eigenen Scharfsinn, zu Urteilsvermögen, Unterscheidungsvermögen, Ansichten, Entscheidungen, Entdeckungen, Regeln, Gefühlen, Berechnungen, Bewertungen.

Die UR-Rune (ᚢ) außerhalb des Runenkreises (∅)
Hauptbedeutung: Eine vertane Chance.
Zusatzbedeutungen: eine Möglichkeit, die richtige Zeit, die passende Gelegenheit, die Eröffnung, der Glücksfall, der an-

genehme Zufall, die Wette: für immer verloren, verpaßt, nicht ausgenutzt, falsch verwendet, schlecht gehandhabt, nicht aufgenommen, verpatzt, fahren gelassen, nicht zum Vorteil ausgenutzt.

THORN ▷

Diese Rune regiert WOHLTATEN.

Schlüsselworte: etwas zum eigenen Vorteil, persönlich, im eigenen Interesse, zum eigenen Wohle, gute Verhältnisse, Wohltaten.

Die THORN-Rune (▷) innerhalb von SKJEBNE (☐)
Hauptbedeutung: Wohltaten, wenn man ausharrt.
Zusatzbedeutungen: Dies wird für dich Vorteile haben: in der Schwebe halten, bewahren, aufheben, verzögern, Zeit gewinnen, abwarten, lavieren, aufschieben, auf Eis legen — mit allem, was man vorhat.
Das solltest du meiden: enthüllen, ausplaudern, offen sein, die Karten aufdecken, damit herauskommen, vertrauen, zugeben, bekennen, jemanden einweihen, die eigenen Ziele bekanntgeben.

Die THORN-Rune (▷) außerhalb von SKJEBNE (☐)
Hauptbedeutung: Schnelles Handeln führt zu Fehlern.
Zusatzbedeutungen: Wenn man etwas in Eile, mit Höchstgeschwindigkeit unternimmt, sich kopfüber hineinstürzt, etwas in kürzester Zeit durchführt, ohne nachzudenken, halsbrecherisch, blitzschnell — dann führt dies zu: Fehlern, Mängeln, schlechten Ideen, Fehlfunktionen, groben Schnitzern, Fehlplanungen, Auslassungen, man übersieht etwas

Wichtiges, wird fehlgeleitet, getäuscht, ist ungenau, ungeschickt, falsch gewickelt, hat den falschen Weg eingeschlagen, spielt jemandem etwas zu.

Die THORN-Rune (▷) im Luftquadranten (ⱴ)
Hauptbedeutung: Alles kommt zu dem, der wartet.
Zusatzbedeutungen: Wenn du folgendes machst: abwarten, Zuschauer bleiben, nichts tun, vorsichtig sein, behutsam vorgehen, achtsam bleiben, diskret bleiben, keine Risiken eingehen, die Zeit abwarten, nichts dem Zufall überlassen — dann wird dir folgendes zukommen:
alle Dinge, die für dich Bedeutung haben, Chancen, Belohnungen, Kredite, Gewinne, eine reiche Ernte, du wirst ernten, sammeln, ausersehen werden, die Zinsen kassieren, erben, und die Dinge werden dir in den Schoß fallen und auf dich zukommen.

Die THORN-Rune (▷) im Erdquadranten (⟊)
Hauptbedeutung: Wenn du jemanden ärgerst, wird er zurückschlagen; Gefahr.
Zusatzbedeutungen: Wenn du andere reizt, verbitterst, Öl aufs Feuer gießt, die Dinge komplizierter machst, eine Angelegenheit verschlechterst, dann wirst du: Risiken eingehen, auf dünnem Eis laufen, die Vorsehung herausfordern, vor Gericht verlieren, Gefahren begegnen, von Zufällen abhängig sein. Du wirst jemanden dazu bringen, daß er/sie: explodiert, grob wird, Gewalt anwendet, den Krieg erklärt, Amok läuft, alles vernichtet, rot sieht, vor Zorn zu dampfen anfängt, in die Luft geht, jähzornig wird, außer sich gerät.

Die THORN-Rune (▷) im Wasserquadranten (◇)
Hauptbedeutung: Keine Zeit zum Spielen.
Zusatzbedeutungen: Jetzt ist keine Zeit für: Risiken, sich

kopfüber hineinstürzen, ein neues Abenteuer beginnen, spekulieren, experimentieren, das Unbekannte wagen, an der Börse spekulieren, einem unsicheren Tip folgen, dem Zufall oder Glück vertrauen, sein Glück versuchen.

Die THORN-Rune (▷) im Feuerquadranten (↑)
Hauptbedeutung: Laß nicht zu, daß jemand dich manipuliert.
Zusatzbedeutungen: Laß nicht zu, daß jemand: dich erpreßt, dir den Kopf mit Schmeicheleien verdreht, dich austrickst, mit der Peitsche kommt, dir ein X für ein U vormacht, dir mit süßen Worten etwas verkaufen will, dich bekniet, die erste Geige spielt, deine Gefühle überrennt, dich zu etwas drängt, dich managt, das Tempo bestimmt, etwas in deinem Namen veranlaßt, dich überredet, über dich den Sieg davonträgt.

Die THORN-Rune (▷) außerhalb des Runenkreises (∅)
Hauptbedeutung: Mißverständnisse — du hast dich nicht klar genug ausgedrückt.
Zusatzbedeutungen: Folgendes hast du versäumt: sich verständlich ausdrücken, deutlich sein, anschaulich erklären, engagiert sprechen, sich klar ausdrücken, Dinge bekannt machen. Deshalb wird jemand: eine Sache falsch anpacken, andere Ziele als deine verfolgen, deine Worte falsch auslegen, die Wahrheit verdrehen, die Dinge falsch deuten.

OSS ᚠ

Diese Rune regiert ZWISCHENMENSCHLICHE BEZIEHUNGEN.

Schlüsselwörter: miteinander umgehen, geben und nehmen.

Die OSS-Rune (ᚠ) innerhalb von SKJEBNE (□)
Hauptbedeutung: Rasche Entscheidungen mit einem älteren Menschen sind erforderlich.
Zusatzbedeutungen: rasche, schnelle, entschlossene, engagierte Entscheidungen, Schlußfolgerungen, Abschätzungen, Beurteilungen, Vereinbarungen, Bewertungen, Zusammenfassungen, Inventuren — werden im Umgang mit einem älteren Menschen erforderlich sein, mit einem grauhaarigen, senilen, pensionierten, vertrockneten, hinkenden, entmündigten, gealterten Menschen.

Die OSS-Rune (ᚠ) außerhalb von SKJEBNE (⌻)
Hauptbedeutung: Gewinn an Wissen, der zu einer bedeutungsvollen Handlung führt.
Zusatzbedeutungen: Wenn du mehr Verständnis, Erkenntnisse, Einsichten, Meisterschaft, Weisheit, Erfahrung, technisches Fachwissen, praktische Erkenntnisse erlangst oder sie ausweitest — dann werden sich daraus ergeben: ernsthafte, schwerwiegende, drängende, wichtige, kritische, schicksalhafte, lebenswichtige Gesten, Beziehungen, Zusammenkünfte, Ereignisse, Schritte, Taktiken, Manöver, Maßnahmen, Züge, Verhaltensweisen, Geschäfte, Transaktionen, Versuche, Engagements.

Die OSS-Rune (ᚠ) im Luftquadranten (∀)
Hauptbedeutung: Wunsch nach Überschreiten der Altersgrenze.

Zusatzbedeutungen: Zuneigung, Freundschaft, Gefühl, liebevolle Beziehung, Verlangen, Lust, Begierde, Harmonie, Nähe, Anziehung, Charme, Faszination, Attraktion;
zwischen zwei Personen unterschiedlichen Alters, einem jungen Liebhaber, einer Vaterfigur, einem Mutterersatz — Menschen mit ähnlichen Interessen, aber unterschiedlichen Alters.

Die OSS-Rune (ᛈ) im Erdquadranten (ᛒ)
Hauptbedeutung: Langes Leben.
Zusatzbedeutungen: Langlebigkeit, reifes Alter, Ausdauer, ein erfülltes Leben, viel Zeit, andere überleben, gut erhalten, Ausdauer, am Ball bleiben, Immergrün, ewige Jugend.

Die OSS-Rune (ᛈ) im Wasserquadranten (◊)
Hauptbedeutung: Partnerschaft wird durch rasches Handeln verbessert.
Zusatzbedeutungen: Eine gemeinsame Unternehmung: zu zweit, im Team, mit gegenseitiger Unterstützung, auf der Basis des Gebens und Nehmens, eine Beziehung, Ehe, Einheit, mit ähnlichen Ideen, unzertrennlich, Hand in Hand, Zusammenarbeit, Partnerschaft, all das wird besser, stärker, reifer, durch:
rasche, schnelle, entschlossene, engagierte, kluge, durchdachte Gesten, Verhältnisse, Schritte, Taktiken, Manöver, Maßnahmen, Verhaltensweisen, Züge, Geschäfte, Transaktionen, Versuche, Engagements.

Die OSS-Rune (ᛈ) im Feuerquadranten (ᛏ)
Hauptbedeutung: Der Rat einer älteren Person kommt der Partnerschaft zugute.
Zusatzbedeutungen: Ein Rat bezüglich zukünftiger Handlungen — Beratung, Information, Wissen, Hinweise, Vor-

schläge, Warnungen — von einer älteren Person, einem erfahrenen Menschen, einem Weisen, Erfahrenen, Reifen, wird:
gut tun, helfen, etwas verbessern, und zwar: eine Beziehung, eine Ehe, eine gemeinsame Unternehmung, eine Teamarbeit, eine Einheit.

Die OSS-Rune (ᚨ) außerhalb des Runenkreises (⌀)
Hauptbedeutung: Nichts delegieren. Vorsicht — kleiner Unfall.
Zusatzbedeutungen: Hüte dich vor: Weitergabe von Verantwortung, für jemand einspringen, für jemanden eintreten, verhandeln oder Zeugnis ablegen, eines anderen Pflichten übernehmen, Ersatzdienst leisten, den Klingelbeutel weiterreichen.
Vorsicht: Sei aufmerksam, hüte dich, sei wachsam, sorgfältig, aufmerksam.
Es tritt ein Ereignis ein, das klein ist, dürftig, trivial, kleinkariert, lächerlich, leicht fehlerhaft, unerwartet, zufällig, verschroben, unbeabsichtigt, unsicher, nicht vorhersehbar.

RAD ᚱ

Diese Rune beherrscht die KARRIERE.

Schlüsselwörter: Beruf, Geschäft, Berufung, Lebenswerk, Lebensunterhalt, Handwerk, Arbeit, Beschäftigung, Job, Karriere.

Die RAD-Rune (ᚱ) innerhalb von SKJEBNE (☐)
Hauptbedeutung: wohlverdienter Erfolg
Zusatzbedeutungen: glückliches Ende, erreichtes Ziel, Voll-

endung, Sieg, Gewinn, erlangtes Wunschbild, Triumph, Ergebnis, gut dastehen, erfolgreicher Abschluß, Durchbruch, Eroberung;
und zwar dort, wo man es erwartet, verdient hat, wo es einem zusteht, wo es einem versprochen wurde, wo es garantiert war, wo man hart dafür gearbeitet hat.

Die RAD-Rune (ᚱ) außerhalb von SKJEBNE (⊙)
Hauptbedeutung: Erfolg durch eigene Anstrengungen. Weite Reise.
Zusatzbedeutungen: Durch persönliche, private, individuelle, alleinige Initiative, durch eingeleitete Schritte, Unternehmungsgeist, Durchführung, Arbeit, Mühe, hartes Dranbleiben, Willenskraftausübung, Anstrengung,
gibt es: ein glückliches Ende, Erreichen des Ziels, Erlangen des Gewünschten, Sieg, Gewinn, Triumph, Durchbruch, vorgestelltes Ergebnis. Außerdem wirst du: reisen, fremde Länder aufsuchen, die Welt sehen, von Ort zu Ort wandern.

Die RAD-Rune (ᚱ) im Luftquadranten (ᚥ)
Hauptbedeutung: Liebe zum Abenteuer.
Nebenbedeutungen: Romanze im Büro, Liebesaffäre, Flirt, Geplänkel, Verwicklung, Intrige, Liebe, Bewunderung, Betörung, Verblendung, Illusionen, etwas, das deine Fantasie anspricht, Verzauberung, Flucht in Traumwelten.

Die RAD-Rune (ᚱ) im Erdquadranten (ᚱ)
Hauptbedeutung: Risiko, vorbereitet sein, unerwartete Ausgaben.
Zusatzbedeutungen: Ungewißheit, nicht hundertprozentig sicher, Wagnis, Spiel, Chance, Gefahr, Unheil, Drohung.
Sei gewarnt, bereit, vorsichtig, triff Vorsorge, sei wachsam, halte die Augen offen, achte auf deine Schritte, hüte dich

vor: dem Unvorhersehbaren, Unbekannten, nicht im Vertrag Gedeckten, vor Rückschlägen, Überraschungen, Schlägen, plötzlichen Zwischenfällen;
vor Ausgaben, Kosten, Spesen, unvorgesehenen Budgetposten, leeren Kassen.

Die RAD-Rune (ᚱ) im Wasserquadranten (◊)
Hauptbedeutung: Wissen zurückhalten, die eigenen Pläne nicht verraten.
Zusatzbedeutungen: Schweige über das, was du weißt, verdienst, siehst, an Informationen erhältst.
Tu folgendes nicht: eröffnen, mitteilen, durchblicken lassen, weitergeben, bekennen, andeuten, zugeben, der Öffentlichkeit preisgeben, herzeigen, anvertrauen, verraten, mit etwas herauskommen;
was du beabsichtigst, deine Pläne, deine Meinungen, deine Gedanken, deine Schlußfolgerungen.

Die RAD-Rune (ᚱ) im Feuerquadranten (△)
Hauptbedeutung: Viel Geduld erforderlich.
Zusatzbedeutungen: Folgendes brauchst du: Gute Laune, Seelenruhe, Unerschütterlichkeit, Stetigkeit, Gemütsruhe, Gelassenheit, Fassung, Ausdauer, Kühlheit, Geduld, Nachsicht, Duldsamkeit, langen Atem, Toleranz, Zähigkeit, die Fähigkeit zum Ertragen und Leiden, Resignation, Ergebung, Unterwerfung, Akzeptanz, Beherrschung, die Fähigkeit zum Einstecken und Hinunterschlucken.

Die RAD-Rune (ᚱ) außerhalb des Runenkreises (∅)
Hauptbedeutung: Störung von Plänen.
Zusatzbedeutungen: Umkehrung, das Unterste nach oben kehren, umstülpen, auf den Kopf stellen, verändern, völlig

durcheinanderbringen, Frontenwechsel, Kehrtwendung, Umsturz, verderben. Das betrifft:
Vorhaben, Berechnungen, Ziele, Entscheidungen, Pläne, Entwürfe, Intrigen, Absichten, vorgefaßte Aktionen, angepeilte Objekte, Versprechungen, Wünsche, Träume, Begierden.

KAON <

Diese Rune regiert BEZIEHUNGEN.

Schlüsselwörter: Verwicklungen, Interessen, Beziehungen, Verhältnisse, Bindungen, zarte Bande, Verwandtschaften, Freundschaften, Partnerschaften (gefühlsmäßig oder geschäftlich).

Die KAON-Rune (<) innerhalb von SKJEBNE (☐)
Hauptbedeutung: jemand aus deiner Vergangenheit kehrt zurück.
Zusatzbedeutungen: Eine Person, die du einst kanntest; ein alter Schulfreund; ein Kollege; ein Freund; ein Liebhaber; ein Bekannter aus alten Tagen — kehrt zurück, kommt nochmals, schneit zur Tür herein, taucht plötzlich auf, bringt sich in Erinnerung, läßt die Vergangenheit wieder lebendig werden.

Die KAON-Rune (<) außerhalb von SKJEBNE (◌)
Hauptbedeutung: eine leichte Beziehung.
Zusatzbedeutungen: Liebesaffäre, Flirt, amouröse Verwicklung, Intrige, Liebhaber, Bewunderer, Liebesabenteuer, Betörung, Verblendung, Verliebtheit, Vernarrtsein.

Die KAON-Rune (<) im Luftquadranten (\/)
Hauptbedeutung: für eine Dame, ein Geschenk; für einen Herrn, die Freude des Schenkens.
Zusatzbedeutungen: ein Geschenk, Vergnügen, Bewirtung, Überraschung, unerwartete Liebesgabe, kleine Danksagung, Schokolade, Ausdruck der Liebe oder der Dankbarkeit;
Freude am Geben, Objekt, das Freude bereitet, Gefühl der Freude, Geben ist seliger denn Nehmen.

Die KAON-Rune (<) im Erdquadranten (ß)
Hauptbedeutung: Verbesserungen führen zur Erneuerung der Lebenskräfte.
Zusatzbedeutungen: Verbesserung der Lage, es geht bergauf, Wechsel zum Guten, Verwandlung, Bereicherung, von der Muse geküßt, vom Glück gezeichnet, Aufschwung. Das führt zu neuer Kraft, frischen Energien, Wiederbelebung, Regenerierung, Wiedererwachen, Auffrischen, Entzünden, Verjüngen, Kräftigen, Wecken der Lebensgeister.

Die KAON-Rune (<) im Wasserquadranten (◊)
Hauptbedeutung: Gelegenheit oder Beziehung, die man ausnutzen muß.
Zusatzbedeutungen: Chance, Gelegenheit, Zugang, richtige Zeit für ein Unternehmen, Eröffnung, innerhalb der Reichweite liegen, Wahlmöglichkeit.
Oder: ein Engagement, Freundschaft, Beziehung, Bindung, Bande;
man sollte sie: weiterverfolgen, nicht ignorieren, zum Tragen bringen, daran arbeiten, etwas daraus machen, damit umgehen, einen Vorteil daraus ziehen, zupacken, ausnutzen.

Die KAON-Rune (⟨) im Feuerquadranten (↑)
Hauptbedeutung: Viel Gewinn durch Ermutigung.
Zusatzbedeutungen: großes Geschäft, hoher Betrag, etwas ganz Großes:
zum erwerben, lernen, gewinnen, verdienen, ankaufen, sammeln, sich einverleiben, vergrößern, ausdehnen, wachsen, profitieren, reichwerden, durch Inspiration zulegen, Gutheißen, Weiterführen, mit Mut Erfüllen, durch Hilfe Anregen.

Die KAON-Rune (⟨) außerhalb des Runenkreises (∅)
Hauptbedeutung: Verlust der Freundschaft durch einen dummen Fehler.
Zusatzbedeutungen: Verlust, Entzug, Verschwendung, Vergeudung, Opferung, Mangel an, Verabschiedung von: einem Freund, einer Beziehung, einer Zuneigung, einem guten Einvernehmen, einer Übereinstimmung, einer Partnerschaft, einer Vereinbarung;
durch: einen absurden, närrischen, idiotischen, lächerlichen, trivialen Fehler, eine Unterlassung, falsche Bemerkung, falsche Vorstellung, fehlerhafte Einschätzung, durch ein Mißverständnis.

GIBA ✕

Diese Rune regiert den AUSGLEICH.

Schlüsselwörter: Gleichgewicht, gleichseitig, Übereinstimmung, Gleichheit, Parallelität, Harmonie, Rhythmus, eben, gleichseitig.

Die GIBA-Rune (✕) innerhalb von SKJEBNE (▢)
Hauptbedeutung: Eine Zusammenkunft bringt reiche Belohnung.

Zusatzbedeutungen: Eine Versammlung, eine Zusammenkunft, ein Treffen, eine Konferenz, eine Feier, ein Ereignis, das die Menschen zusammenführt, ein Klassentreffen, eine Massenversammlung, eine Bierrunde, ein Zusammenschluß, ein Zusammenrücken — führt zu: großer Belohnung, hohen Zinsen, großen Ehren, viel Bewunderung, Dankbarkeit, Großzügigkeit, angemessener Bezahlung, Geschenken, herzlichen Danksagungen.

Die GIBA-Rune (X) außerhalb von SKJEBNE (⌂)
Hauptbedeutung: Wiedervereinigung in naher Zukunft.
Zusatzbedeutungen: Harmonie, ein Herz und eine Seele, Übereinstimmung, Auge in Auge, wieder zusammenkommen, keine Trennung, gemeinsam gehen, gemeinsam handeln, wieder eins sein, Versöhnung, neuer Versuch.

Die GIBA-Rune (X) im Luftquadranten (Ψ)
Hauptbedeutung: Keine Zeit zum Alleinsein.
Zusatzbedeutungen: Keine Zeit, der falsche Augenblick, nicht jetzt, Vorsicht, Warnung, schlechte Zeiten für:
Alleinunternehmungen, einsame Entschlüsse, Verantwortung, allein unternehmen. Suche Hilfe, Rat, Unterstützung, Geschäftspartner, laß nicht alles allein auf deinen Schultern ruhen.

Die GIBA-Rune (X) im Erdquadranten (ß)
Hauptbedeutung: Geben ist seliger denn Nehmen.
Zusatzbedeutungen: Die Stunde erfordert, mahnt zu, macht absolut notwendig:
mehr Hingabe, Engagement, Konzession, Zuteilung, Flexibilität, Anpassungsfähigkeit, Entspannung, Nachgeben, sich dem Wind beugen, dem Druck ausweichen.
Nicht gefragt sind: nehmen, ausnützen, gebrauchen, erobern, vereinnahmen.

Die GIBA-Rune (X) im Wasserquadranten (◊)
Hauptbedeutung: Rat einholen.
Zusatzbedeutungen: Suche nach, Bitte um:
Rat, Worte der Weisheit, Kritik, Hinweise, Tips, Unterlagen, Richtlinien, Vorschläge, Empfehlungen, Beziehungen; jemand, dem man vertrauen kann, der einem zuhört, einen versteht und berät. Sich zusammenreden, Aufzeichnungen vergleichen, gemeinsam in Klausur gehen, Meinungen einholen.

Die GIBA-Rune (X) im Feuerquadranten (↑)
Hauptbedeutung: Erfolg, der auf Erreichtem aufbaut.
Zusatzbedeutungen: Erreichung eines Ziels, gute Tendenzen, glückliches Ende, gut verbrachte Zeit, den verdienten Lohn entgegennehmen, triumphieren, Erfolg haben, Sieg, Verherrlichung;
in Zusammenhang mit, verursacht durch, in Verbindung mit: jemand anderem, etwas Zusätzlichem, etwas anderem, etwas Ähnlichem, einer zweiten Partei, einem Partner.

Die GIBA-Rune (X) außerhalb des Runenkreises (∅)
Hauptbedeutung: Streit.
Zusatzbedeutungen: Auseinandersetzung, Reibereien, Nörgeleien, aus dem Rahmen fallen, Abbruch freundschaftlicher Beziehungen, übers Kreuz, Aggressionen, Fehde, Meinungsverschiedenheiten, Kabbeleien, Gelegenheit zur Klage, Differenzen, mit gekreuzten Klingen, keifen, einen Kampf antreten, kriegerisch, Disput, wie Katz und Hund, Krach, Krawall.

WUNJO ᚹ

Diese Rune regiert die IRDISCHE LIEBE.

Schlüsselwörter: irdisch, erdgebunden, weder eine höhere noch eine geistige Liebe, Freundschaft, Zuneigung, Nähe, Leidenschaft, Begierde, körperliche Zuneigung, sinnliche Gefühle.

Die WUNJO-Rune (ᚹ) innerhalb von SKJEBNE (□)
Hauptbedeutung: Eine geliebte Person kehrt zurück — es wird gefeiert.
Zusatzbedeutungen: Ein naher Freund, ein Familienmitglied, eine alte Flamme, eine geliebte, aber getrennte Person — kommt zurück, schneit herein, klopft an, kehrt heim ins Nest.
Das führt zu Freude, Glück, Frohsinn, Heiterkeit, Ausgelassenheit, Gelegenheit zum Feiern, für Feste, für Familienzusammenkünfte.

Die WUNJO-Rune (ᚹ) außerhalb von SKJEBNE (◌)
Hauptbedeutung: Gute Nachrichten in Verbindung mit einer geliebten Person.
Zusatzbedeutungen: erfreuliche, wohltätige, besser gar nicht denkbare — Informationen, Nachrichten, Mitteilungen, Briefe, Anrufe, Ergebnisse;
im Zusammenhang mit: einem guten Freund, einem Familienmitglied, dem Partner oder Gatten.

Die WUNJO-Rune (ᚹ) im Luftquadranten (ψ)
Hauptbedeutung: Die Aussichten sind rosig.
Zusatzbedeutungen: Die Zukunft, kommende Ereignisse, das Füllhorn des Glücks, der morgige Tag, das unmittelbar Erwartete —

zeigt sehr gute Seiten, ist vielversprechend, hat gute Vorboten, entwickelt sich: angenehm, heiter, vorteilhaft, glückverheißend, erfolgversprechend. Das Glück lacht einem zu, man hat eine goldene Hand, ist gesegnet, es könnte nicht besser sein.

Die WUNJO-Rune (▷) im Erdquadranten (ᛒ)
Hauptbedeutung: Nimm, was die Zukunft bringt.
Zusatzbedeutung: Mach etwas Nützliches daraus, genieße das Verfügbare, nütze aus, nimm es zu Deinem Vorteil, gebrauche zum Gewinn, hole alles heraus, nimm es in die Hand:
was da kommt, was die Zukunft bereithält, das Glück dir verspricht, was unmittelbar bevorsteht, was dir geschenkt wird, zur Verfügung steht, erzeugt wird, womit du ausgestattet wirst.

Die WUNJO-Rune (▷) im Wasserquadranten (◊)
Hauptbedeutung: Gewinn durch Beschenken einer geliebten Person.
Zusatzbedeutungen: Eine Chance zum wachsen, gewinnen, etwas erlangen, sich einverleiben, ernten, profitieren, Zinsen kassieren, Erfolg haben,
durch: Großzügigkeit, Geschenke, Präsente, etwas Zusätzliches, Liebesbeweise, Liebesdienste, Angebote, Opfer, Beiträge, Übergaben;
für: einen Nahestehenden, einen Freund, einen Verwandten, seine Liebe, den Partner, den Gatten.

Die WUNJO-Rune (▷) im Feuerquadranten (ᛁ)
Hauptbedeutung: Öffne dein Herz einer geliebten Person.
Zusatzbedeutungen: Decke auf, entblöße, zeige, enthülle, halte nichts zurück —

nämlich Zuneigungen, Gefühle, Leidenschaften, Stimmungen, Gedanken und Ideen, die Seele, dein Innenleben, Reaktionen, Reflexionen, Wünsche, tief Verborgenes, Ernsthaftes: gegenüber: einem Freund, einem Verwandten, dem Gatten, dem Partner, dem Geliebten.

Die WUNJO-Rune (▷) außerhalb des Runenkreises (⌀)
Hauptbedeutung: Gefahren um eine geliebte Person.
Zusatzbedeutungen: Möglichkeit übler Folgen, Gefahren, Risiken, Fallgruben, Drohungen, Warnungen, üble Omen, gefährliche Straßen;
von allen Seiten, überall, aus der ganzen Umgebung, einen einschließend, sich nähernd, unmittelbar bevorstehend;
um: einen guten Freund, einen Verwandten, den Gatten, den Partner, den Geliebten.

7
HAGALS ACHT

HAGAL ᚺ

Diese Rune regiert STÖRUNGEN.

Schlüsselwörter: Umwälzungen, Umbrüche, Zerstörungen, Entzweiungen, Brüche, Trennungen, Durcheinander, Chaos, gewalttätige Unterbrechungen.

Die HAGAL-Rune (ᚺ) innerhalb von SKJEBNE (▢)
Hauptbedeutung: Störungen durch die Natur.
Zusatzbedeutungen: Chaotische Szenen, Umbrüche, Spaltungen, Trennungen, Verwüstungen, vernichtete Pläne, erstickte Hoffnungen;
verursacht durch die Kräfte der Natur: Überschwemmungen, Brände, Erdbeben, Gewitter, Tod, Krankheit, die Rache Gottes oder der Natur.

Die HAGAL-Rune (ᚺ) in allen anderen Bereichen
Hauptbedeutung: nicht beeinflußbare Ereignisse.
Zusatzbedeutungen: jenseits der eigenen Kräfte, nicht beeinflußbar, nicht manipulierbar, kein direkter Draht, machtlos, ohne Autorität; das betrifft:
Ereignisse, Gelegenheiten, Möglichkeiten, Mißgeschicke, Notfälle, den Status quo, was gerade läuft und einen betrifft, was auf der Tagesordnung steht, was zur unmittelbaren Umgebung gehört.

NAUTHS ↛

Diese Rune regiert WARNUNGEN.

Schlüsselwörter: Gefahrensignale, Omen, die Schrift an der Wand, Vorhersagen, Weissagungen, Prophezeiungen.

Die NAUTHS-Rune (↛) innerhalb von SKJEBNE (□)
Hauptbedeutung: Warnung: Sei vorsichtig und zurückhaltend.
Zusatzbedeutungen: Dies ist ein Gefahrensignal: Sei wachsam, halte die Augen offen, beachte die Kleinigkeiten und Signale, sei auf der Hut, übersieh nichts, verlaß dich auf Eingebungen.
Außerdem werden benötigt: Mäßigung, Zurückhaltung, Selbstbeherrschung, die Zügel in der Hand halten, alles unter Kontrolle haben, abgrenzen, festlegen, die Fäden ziehen.

Die NAUTHS-Rune (↛) außerhalb von SKJEBNE (◉)
Hauptbedeutung: Geduld.
Zusatzbedeutungen: du mußt sein: resolut, entschlossen, konzentriert, ausdauernd, stetig, nicht ablenkbar, ohne Zweifel, ohne Verzweiflung, am Ball bleibend, durchhaltend, gleichmäßig in den Gefühlen, kühl, ruhig, tolerant, vorausblickend, abgeklärt, auf alles vorbereitet.

Die NAUTHS-Rune (↛) im Luftquadranten (ψ)
Hauptbedeutung: Ausdauer.
Zusatzbedeutungen: du mußt sein: ausdauernd, zäh, stur zielgerichtet, konzentriert, verharrend, mit Sitzfleisch ausgestattet, mutig, entschlossen, dickfellig, niemals entmutigt, niemals abgelenkt, nie den Glauben verlierend, am Ball bleibend.

Die NAUTHS-Rune (ᚾ) im Erdquadranten (ᛒ)
Hauptbedeutung: Übereilte Entschlüsse behindern Pläne.
Zusatzbedeutungen: Folgende Eigenschaften und Verhaltensweisen: unvorsichtig, ziellos, impulsiv, hastig, zu vertrauensvoll, wagemutig, unverantwortlich, zynisch, mit dem Feuer spielen, hohe Risiken eingehen, mir ist alles egal; führen dazu, daß:
zukünftige Absichten und Pläne zunichte gemacht oder zumindest verzögert werden, Hoffnungen und Berechnungen sich als falsch erweisen.

Die NAUTHS-Rune (ᚾ) im Wasserquadranten (◊)
Hauptbedeutung: Hindernisse.
Zusatzbedeutungen: Dinge oder Ereignisse, die ärgerlich sind, im Weg stehen oder den Fortschritt behindern: Behinderungen, Sperren, Frustrationen, Kontrollen, Haken, Krisenherde, Einmischungen, Hürden, Sackgassen, Holzzäune, Ziegelmauern, Sabotage, Zahnschmerzen, Probleme.

Die NAUTHS-Rune (ᚾ) im Feuerquadranten (ᛚ)
Hauptbedeutung: Abweisung.
Zusatzbedeutungen: nicht angenommen, Kopfschütteln, Verneinung, ein Schlag ins Gesicht, Unwilligkeit, etwas wird zurückgehalten, niedergemacht werden, ein Angebot wird abgelehnt, Vorschläge stoßen auf taube Ohren, werden irritiert abgetan, Vereinbarungen kommen nicht zustande, sind nicht erwünscht.

Die NAUTHS-Rune (ᚾ) außerhalb des Runenkreises (∅)
Hauptbedeutung: Tratsch.
Zusatzbedeutungen: etwas zum weitererzählen, Geschwätz, Aufhebens machen, unbestätigte Nachrichten, Stadtgespräch, man flüstert's sich zu, Skandälchen, ich war dabei, so war's

wirklich, das ist allgemein bekannt, Indiskretionen, augenzwinkernde Hinweise, jemand mischt sich ein, Seitenblicke, Flüstern, hinter vorgehaltener Hand, hinter dem Rücken.

IS |

Diese Rune regiert ABKÜHLUNG DER GEFÜHLE.

Schlüsselwörter: Gleichgültigkeit, Interesselosigkeit, laue Gefühle, halbherzig, keine Reaktion, keine Begeisterung, keine Leidenschaft, keine tiefen Gefühle, Distanz.

Die IS-Rune (|) innerhalb von SKJEBNE (□)
Hauptbedeutung: Geistiger Schmerz durch eine Trennung.
Zusatzbedeutungen: in der Seele, im Herzen, im Geist, tief in der Brust, im Bauch, ernsthafte Gefühle folgender Art: Spannung, Aufregung, Schmerz, Weh, Qualen, Seelenangst, Depression, innerlich aufgewühlt, verletzt, traurig, Tiefpunkt der Stimmung, düstere Seelenlage;
Ursache dafür: Trennung, Bruch, Abschied von jemandem, Scheidung, nicht zusammenkommen können, eine Mauer zwischen der Person und dem geliebten Wesen.

Die IS-Rune (|) außerhalb von SKJEBNE (⌾)
Hauptbedeutung: Abkühlung von Gefühlen.
Zusatzbedeutungen: Gleichgültigkeit, Desinteresse, halbherzig, lauwarm, reagiert nicht, ohne Begeisterung, ohne Leidenschaft, ohne Wunsch, keine tiefen Gefühle, jemanden innerlich abstoßen, von den Menschen ernüchtert sein.

Die IS-Rune (|) im Luftquadranten (ψ)
Hauptbedeutung: einseitige Liebe.

Zusatzbedeutungen: ungleichmäßig, nur von einer Person ausgehend, nicht geteilte Freundschaft, Zuneigung, Liebe, Haßliebe, Schwarm, Affenliebe, Herzklopfen, nur interessiert an dem, was man bekommt, benutzt werden.

Die IS-Rune (|) im Erdquadranten (⌂)
Hauptbedeutung: gebrochene Herzen.
Zusatzbedeutungen: Melancholie, Herzeleid, voller Sorgen, leidgeprüft, unglücklich, gemartert, hundeelend, Elend, Not, Trübsal, Jammer, Tränen, Trauer, klagend, nachtrauernd, Gefühl des Benutztwerdens, die Dinge übel nehmen.

Die IS-Rune (|) im Wasserquadranten (◊)
Hauptbedeutung: eingefrorenes Vermögen.
Zusatzbedeutungen: Angelegenheiten werden auf Eis gelegt, in der Schwebe gehalten, aufbewahrt, auf Sparflamme gelassen, Reserven und Hilfsmittel bleiben bis zum Gebrauch eingefroren.

Die IS-Rune (|) im Feuerquadranten (⌐)
Hauptbedeutung: unbewegt.
Zusatzbedeutungen: statisch, in Ruhe, still, stumm, schlafend, stagnierend, an einem Haltepunkt angelangt, unbewegt, festgefahren, angekettet, am Anker festgehalten, tiefliegend, in der Schwebe.

Die IS-Rune (|) außerhalb des Runenkreises (∅)
Hauptbedeutung: Scheidung — Trennung.
Zusatzbedeutungen: eine Verbindung auflösen, sich zurückziehen, Scheideweg, Isolation, Absonderung, Abbruch, die Fäden durchschneiden, ausbrechen, die Bande kappen, jeder geht seines Wegs, alleinsein, einander meiden, frei sein.

JAR ᛃ

Diese Rune regiert LEKTIONEN.

Schlüsselwörter: Beispiele, Warnungen, Vorsicht, Gewinn durch ein Beispiel, was man lernen muß, aufpassen, erfassen, inneres Wachstum, studieren, Wissen erlangen.

Die JAR-Rune (ᛃ) innerhalb von SKJEBNE (☐)
Hauptbedeutung: eine Wartezeit.
Zusatzbedeutungen: passiv, schlafend, nichtstun, stagnierend, darniederliegend, Flaute, inaktiv, unentschieden, in der Schwebe, träge, abwarten und Tee trinken, brachliegen, zaudernd, zögernd, unbeschäftigt, kein Fortschritt, müßig, trübes Wasser.

Die JAR-Rune (ᛃ) außerhalb von SKJEBNE (◒)
Hauptbedeutung: statisch.
Zusatzbedeutungen: Stagnation, schlafend, unbeweglich, Rast, Stille, an einem toten Punkt, ohne Schwung, festgefahren, hängengeblieben, vor Anker liegen, stillhalten, gelassen bleiben, Pokergesicht.

Die JAR-Rune (ᛃ) im Luftquadranten (ᛥ)
Hauptbedeutung: Verträge — Gewinn nach dem Warten.
Zusatzbedeutungen: offizielle, legale, notariell beglaubigte, rechtsverbindliche:
Schriftstücke, Verträge, Dokumente, Manuskripte, Vorgänge, Garantien, Abschlüsse;
die man: erwirbt, erhält, vergrößert, mit Gewinn veräußert; aber erst nach einer Wartezeit, mit Geduld, nach einer Pause, ohne Aktionen, durch Abwarten, durch Beobachtung.

Die JAR-Rune (ᛋ) im Erdquadranten (ᛒ)
Hauptbedeutung: Mäßige dich — gewinne neue Kräfte.
Zusatzbedeutungen: abbremsen, nichts übertreiben, nicht so viel auf sich nehmen, die Dinge leicht nehmen, langsamer treten, die Segel einziehen, Geschwindigkeit verringern, zügeln, dämpfen, drosseln, einschränken, einen Gang zurückschalten; gönn dir eine Möglichkeit zum: neue Kräfte sammeln, Energien tanken, dich aufladen, wieder zu dir kommen, sammeln, auftanken, erholen, normal werden, gesunden.

Die JAR-Rune (ᛋ) im Wasserquadranten (◊)
Hauptbedeutung: vorausschauen — sich rechtlich absichern.
Zusatzbedeutungen: Beachte, sei auf der Hut, nimm Rücksicht, sei aufmerksam, sei wachsam, behalte ein Auge darauf, denk daran; nämlich auf Dinge von langer Dauer, die mit der Zukunft zu tun haben, feststehen, dableiben, Sicherheit geben, erst in späteren Jahren relevant sind, die Rücklagen betreffen. Sorge vor, lege einen Vorrat an, triff Vereinbarungen, suche Sicherheiten, gesetzlichen Schutz, rechtliche Verbindlichkeit, Absicherung.

Die JAR-Rune (ᛋ) im Feuerquadranten (ᛝ)
Hauptbedeutung: Beachte das Kleingedruckte.
Zusatzbedeutungen: Beachte, wirf ein Auge auf, berücksichtige, nimm zur Kenntnis, konzentriere dich auf, sieh dich vor, gib dir Mühe bezüglich scheinbar belangloser Dinge oder Kleinigkeiten.
Sei sorgfältig, exakt, genau, gründlich bis zum kleinsten Detail, vorsichtig, präzise; überprüfe lieber zweimal, übersieh nichts, laß dir Zeit.

Die JAR-Rune (ᛋ) außerhalb des Runenkreises (∅)
Hauptbedeutung: vergebliches Warten.
Zusatzbedeutungen: Du bist geduldig, hältst durch, wartest auf etwas und tust jetzt nichts, wartest deine Zeit ab, hältst Wache, tust gar nichts, hältst Entscheidungen zurück —
vergeblich, sinnloserweise, erfolglos, zum Mißerfolg verdammt, ohne Zweck, ohne Aussicht auf Erfolg, ohne Nutzen.

YR ⌠

Diese Rune regiert REISEN IN DIE WELT.

Schlüsselwörter: äußere, materielle, sichtbare, offene Reisen, Expeditionen, Suchen, Nachforschungen.

Die YR-Rune (⌠) innerhalb von SKJEBNE (☐)
Hauptbedeutung: Vermeiden von Schwierigkeiten durch Umwege.
Zusatzbedeutungen: Unannehmlichkeiten, Schwierigkeiten, Anstrengungen, Verwirrungen, Kummer, Sorgen, Schmerzen, Unruhen;
werden abgewendet, vermieden, übergangen,
durch: langfristige, weitreichende, vorausblickende Methoden und Verfahren, Aktionen, Pläne, Kanäle, Routen, Techniken, Mittel.

Die YR-Rune (⌠) außerhalb von SKJEBNE (☐)
Hauptbedeutung: Erfolg durch Vermeiden von Übertreibungen.
Zusatzbedeutungen: Erreichen des Ziels, Erlangen des Gewünschten, glückliches Ende, gut verbrachte Zeit, Triumph, Sieg, Ruhm, glückliche Wendung;

wenn man Extreme vermeidet, sich nicht verausgabt, sich nicht zuviel auflädt, nicht zu sehr anstrengt, nichts übertreibt, nicht mehr nimmt, als man verträgt, nichts zu wichtig nimmt, aus einer Mücke keinen Elefanten macht, sich nicht ausdehnt, nichts vergrößert.

Die YR-Rune (∫) im Luftquadranten (ⵞ)
Hauptbedeutung: Keine Überreaktionen!
Zusatzbedeutungen: Gefühle nicht übertreiben, nicht hysterisch werden, nicht über Kleinigkeiten aufregen, kühl bleiben, nicht hitzig reagieren, nicht zuviel in eine Situation hineinlegen.

Die YR-Rune (∫) im Erdquadranten (ß)
Hauptbedeutung: Pause.
Zusatzbedeutungen: beruhige dich, laß Dampf ab, laß locker, renn nicht sinnlos herum, sei nicht so hektisch, lehn dich zurück und entspanne dich, verkrampfe dich nicht, entlade dich, reg dich nicht auf, mach dir keine Sorgen, laß dich nicht in etwas verwickeln, brause nicht gleich auf, nimm erst einen tiefen Atemzug, bevor du loslegst.

Die YR-Rune (∫) im Wasserquadranten (◊)
Hauptbedeutung: Bleib kühl, auch wenn du dich aufregst.
Zusatzbedeutungen: Bewahre eine stille, ernste, unbewegte, unerschrockene, unverfrorene, unerschütterliche, völlig losgelöste, gleichgültige Haltung — trotz innerer Unruhe, Nervosität, Aufregung, Eile, Panik, Zeitnot, und trotz des Gefühls, jetzt unbedingt etwas unternehmen zu müssen.

Die YR-Rune (∫) im Feuerquadranten (⌈)
Hauptbedeutung: ärgerliche Probleme.
Zusatzbedeutungen: drückende, ermüdende, langweilende,

anödende, ewig gleiche, sich wiederholende, gar nicht lustige, uninteressante, die Geduld auf eine harte Probe stellende, monotone, unveränderliche;
Schwierigkeiten, Unzulänglichkeiten, Verwirrungen, Rätsel, Lasten, Unannehmlichkeiten, Mühen, Plagen, Aufgaben, Arbeiten, Verpflichtungen, mißliche Lagen, verworrene Situationen, harte Probleme.

Die YR-Rune (∫) außerhalb des Runenkreises (∅)
Hauptbedeutung: überarbeitet, übermüdet, die Seile reißen.
Zusatzbedeutungen: sich zuviel zugemutet haben, durch zuviel Arbeit geschädigt, krank und müde durch die viele Plackerei, überanstrengt, erschöpft, auf den Knien.
Spannung, Schäden durch Streß, über das Erträgliche hinaus beansprucht, plötzlicher Zusammenbruch, Unfall, Kollaps, einknicken, nachgeben, keine geistigen Kräfte mehr vorhanden, plötzlicher Verlust von Mut und Unternehmungsgeist.

PEORTH ⋉

Diese Rune regiert die SEXUALITÄT.

Schlüsselwörter: sexuell, was zwischen den Geschlechtern geschieht, Begierden, Leidenschaften, animalische Instinkte, Triebe.

Die PEORTH-Rune (⋉) innerhalb von SKJEBNE (☐)
Hauptbedeutung: Bewahre das Geheimnis.
Zusatzbedeutungen: Geheimniskrämerei, Schweigen, verborgen bleiben, im dunkeln lassen, zusammenhalten, die Katze nicht aus dem Sack lassen, verhüllen, zurückhalten,

nicht weiter lassen, Mummenschanz treiben, kein Wort verraten, einschließen, eingraben, zudecken, hüten, verstecken, niemandem ein Sterbenswort verraten, bewachen.

Die PEORTH-Rune (⋈) außerhalb von SKJEBNE (◯)
Hauptbedeutung: materieller Gewinn.
Zusatzbedeutungen: in Verbindung mit körperlichem Wohlbehagen, materiellen Dingen, Vermögenswerten, Besitztümern weltlicher (nicht geistiger) Natur, Geld, Gegenstände, Güter, beweglicher Habe;
Aneignung, Erlangung, Gewinn, Verdienst, Besorgung, einen Vorrat anlegen, seine Finger darauf haben, dazu kommen, vergrößern, erweitern, Profit herausschlagen, dadurch reich werden.

Die PEORTH-Rune (⋈) im Luftquadranten (ψ)
Hauptbedeutung: ein Geschenk.
Zusatzbedeutungen: eine natürliche, angeborene Begabung, Talent, Fähigkeit, Spürnase, sechster Sinn, für: ein Geschenk, Andenken, Belohnung, Würdigung, Preis, etwas Zusätzliches, Kostenloses, Verschenktes, Freibier, was einem in den Schoß fällt, Fallobst, Errungenschaft, Bereicherung.

Die PEORTH-Rune (⋈) im Erdquadranten (ß)
Hauptbedeutung: Sei auf der Hut — gesundheitliche Beeinträchtigung durch Sex.
Zusatzbedeutungen: Vorsicht, nimm es als Warnung, hüte dich, baue vor, halte Ausschau nach, meide: etwas, das deine Gesundheit schädigt, deine Konstitution, dein Wohlbefinden; was durch Sex hervorgerufen wurde: unerwünschte Schwangerschaft, Geschlechtskrankheit — wer weiß? Jedenfalls bist du gewarnt.

Die PEORTH-Rune (⋈) im Wasserquadranten (◊)
Hauptbedeutung: Kein Risiko eingehen — nicht alles ist auch das, was es scheint.
Zusatzbedeutungen: nichts riskieren, sich vorher versichern, die Chancen ausrechnen, nichts dem Zufall überlassen, nichts ohne Absicht tun oder aus einer Laune heraus, Sicherheiten einholen, nichts überhasten;
der Schein trügt, etwas täuscht, ist nicht so gut, wie es scheint, führt in die Irre, ist nicht echt, nicht real, eine Täuschung, ein Widerspruch in sich, Schwindelei, Vorspiegelung falscher Tatsachen, Nachahmung, Posse, unter der Decke steckt etwas anderes.

Die PEORTH-Rune (⋈) im Feuerquadranten (↑)
Hauptbedeutung: nichts enthüllen,
Zusatzbedeutungen: niemandem, keiner Menschenseele etwas eröffnen, mitteilen, herausgeben, loslassen, anvertrauen, zuspielen, andeuten, zugeben, aufdecken, zeigen, enthüllen, mit etwas herausplatzen, eine Bemerkung fallen lassen, sein Gewissen erleichtern, beichten, etwas öffentlich machen, berichten; kein Wort sagen, leer bleiben, zurückhalten, schweigen, nichts wissen oder weitergeben.

Die PEORTH-Rune (⋈) außerhalb des Runenkreises (∅)
Hauptbedeutung: Sei realistischer, sonst erlebst du eine Enttäuschung.
Zusatzbedeutungen: Sieh die Dinge im richtigen Zusammenhang, in der rechten Perspektive, in den gegenseitigen Beziehungen; erwarte oder erhoffe nicht zuviel, das Unmögliche, das Imaginäre. Komm zurück auf den Boden der Wirklichkeit, blick den Dingen ins Auge, sieh die Welt, so wie sie ist, unterscheide das Echte vom Künstlichen —
oder du wirst eine Niederlage erleben, ernüchtert werden,

deine Illusionen verlieren, unglücklich werden, und deine Erwartungen und Wünsche werden nicht erfüllt.

AQUIZI ᚤ

Diese Rune regiert DAS HÖHERE GESETZ, DIE SEELE.

Schlüsselwörter: Geist, Herz, Selbst, das innere Wesen.

Die AQUIZI-Rune (ᚤ) innerhalb von SKJEBNE (☐)
Hauptbedeutung: Weite deine Kreise.
Zusatzbedeutungen: Such dir neue Gesellschaft, Ideen, Hobbys, versuch mal was Neues, schließe neue Freundschaften, erweitere deinen Horizont, dein Wissen, streck dich, wachse, überwinde deine Fesseln, finde neue Interessen und Kreise, in denen du dich bewegen kannst.

Die AQUIZI-Rune (ᚤ) außerhalb von SKJEBNE (⊜)
Hauptbedeutung: neue Karriere, Veränderungen im Beruf und zu Hause.
Zusatzbedeutungen: Ein Wechsel im Beruf, in den Aktivitäten, in der Beschäftigung, Anstellung, in den Pflichten, in dem, was man zu tun hat, im Arbeitsbereich, in der Abteilung, im Umfeld;
Szenenwechsel, Änderungen, neue Weidegründe, ein Wendepunkt zu Hause und in der Arbeit.

Die AQUIZI-Rune (ᚤ) im Luftquadranten (ᚢ)
Hauptbedeutung: langfristige Entscheidungen — nicht verzögern.
Zusatzbedeutungen: eine Zeit zur Beurteilung von Fakten, zum Rekapitulieren, Inspizieren, Beurteilen, Überlegen, Er-

wägen, zur Meinungsbildung, zur Inventur, für Lösungen mit Bezug auf:
das, was da kommen wird, das Schicksal, langfristige Entwicklungen, Bleibendes, Tiefverwurzeltes, Dauerhaftes. Sei nicht versucht, über etwas zu schweigen, was dich bedrückt, in dir bohrt, deine Gefühle negativ beeinflußt. Wenn du eine Meinung oder Idee mitteilen willst, ist jetzt die Gelegenheit da.

Die AQUIZI-Rune (Y) im Erdquadranten (ß)
Hauptbedeutung: Laß dich nicht ausnützen; Geistesvampire saugen an dir.
Zusatzbedeutungen: Laß dich nicht vereinnahmen, ausbeuten, manipulieren, betrügen, benützen;
laß andere nicht: dich als Beute betrachten, an dir schmarotzen, dich aussaugen, auspressen, austrocknen, schröpfen; deine Persönlichkeit, dein Unterbewußtsein, dein Ich, deinen Geist, dein Herz, deine Seele kleinmachen.

Die AQUIZI-Rune (Y) im Wasserquadranten (◊)
Hauptbedeutung. Studiere Verborgenes; Ausweitung, Stärkung durch die Außenwelt.
Zusatzbedeutungen: Sei vorsichtig, aufmerksam, beobachtend, sprungbereit;
bezüglich Gelegenheiten zum Wachstum, zur Vergrößerung, Ausdehnung, zur Aussaat neuer Samen, für das Wachsen neuer Blüten, zur Vertiefung, Erhöhung, zum Ausbau, zur Entwicklung, zur Stärkung durch Einflüsse der Außenwelt.

Die AQUIZI-Rune (Y) im Feuerquadranten (ſ)
Hauptbedeutung: Gib mehr von dir her, die allumfassende Natur.
Zusatzbedeutungen: Laß die anderen wissen, wer du bist,

halt nichts zurück, komm aus deinem Schneckenhaus heraus, zeige deine Persönlichkeit, sei offen, extravertiert, leg mehr Kraft hinein, sei mit ganzem Herzen dabei, mit Körper und Geist, hundertprozentig, mit jeder Faser deines Wesens, ohne etwas auszulassen, total, vollständig, mit ungeteilter Aufmerksamkeit.

Die AQUIZI-Rune (ᛉ) außerhalb des Runenkreises (∅)
Hauptbedeutung: Glücklicher Zufall.
Zusatzbedeutungen: zufällige Entdeckung, Fund, Schatztruhe, darüber stolpern, ohne erkennbare Ursache daranstoßen, Schicksalswende, in den Schoß fallen, Lotteriegewinn, unvorhersehbar, Glückstreffer;
führt zu Freude, Glück, einer angenehmen Zeit, schönen Tagen, erfreulichen Dingen, günstigen Stunden.

SIGYL ᛋ

Diese Rune regiert ENTSCHEIDUNGEN.

Schlüsselwörter: wählen, ausrechnen, zum Schluß kommen, ableiten, abschätzen, einordnen, taxieren, bewerten, zu einem Urteil kommen, zusammenfassen, eine Entscheidung treffen, den Weg festlegen.

Die SIGYL-Rune (ᛋ) innerhalb von SKJEBNE (▢)
Hauptbedeutung: Abwarten — die Zeit bringt die Antwort.
Zusatzbedeutungen: abwarten und Tee trinken, Däumchen drehen, den Dingen ihren Lauf lassen, zur Zeit untätig bleiben, wassertreten, hinauszögern, sich dem Müßiggang widmen, nichts tun, nichts entscheiden, Aktionen aufschieben —

weil: Erklärungen, Gründe, Erhellungen, Klarheiten, Lösungen, Schlüssel, Hinweise, Beispiele, weitere Vorgehensweisen — auftauchen werden: zur rechten Zeit, in der Zukunft, ein bißchen später, nach einiger Zeit, morgen, demnächst, anderntags, wenn die Zeit gekommen ist.

Die SIGYL-Rune (ᛋ) außerhalb von SKJEBNE (⌾)
Hauptbedeutung: Streben nach dem Unerreichbaren.
Zusatzbedeutungen: Du versuchst, strebst nach, nimmst in Angriff, wagst dich an, kämpfst um, packst an, unternimmst, versuchst, nimmst auf dich, widmest dich, erforschst, verpflichtest dich zu Dingen, die außerhalb deines Bereichs liegen, deiner Einflußmöglichkeiten, deiner Fähigkeiten; es ist zuviel, unmöglich, hoffnungslos, ohne Aussicht auf Erfolg, unerreichbar, außer Frage, undurchführbar, nicht zu bearbeiten, nicht zu erfüllen.

Die SIGYL-Rune (ᛋ) im Luftquadranten (ᚹ)
Hauptbedeutung: Mach mal Pause, kräftige dich.
Zusatzbedeutungen: Es ist Zeit zum anhalten, Abstand nehmen, aufhören, zurückhalten, die Arbeit niederlegen, abschalten, erholen, rasten, Schluß machen, abbrechen, zurückziehen; gönn dir eine Erholung, sammle Kräfte, muntere dich auf, tanke neue Energien, lade die Batterien auf, werde gesund, normal, du selbst, schlaf dich aus.

Die SIGYL-Rune (ᛋ) im Erdquadranten (ᛒ)
Hauptbedeutung: Sorge, negative Gefühle, Konzentration, Macht des Geistes.
Zusatzbedeutungen: Es gibt Gefühle des Unbehagens, der Unruhe, der Sorgen, Probleme, Kopfschmerzen, Angst, Sorge, Beklemmung, Unglück, schlechte Gefühle, dunkle Ahnungen, Schwankungen, Zittern.

Du mußt denken, die Gedanken sammeln, aufwachen, urteilen, überlegen, von allen Seiten betrachten, alles zusammenbekommen,
und außerdem: Nutze deinen Verstand, deine Intelligenz, dein Wahrnehmungsvermögen zum Aussortieren von Dingen, und nicht deine Körperkraft.

Die SIGYL-Rune (⌐) im Wasserquadranten (◊)
Hauptbedeutung: Notwendige Ausgaben bringen einen Gewinn.
Zusatzbedeutungen: Die Umstände diktieren, verlangen, erfordern, lassen keine Wahl, legen den Kurs fest, bringen unvermeidlicherweise: Kosten, Ausgaben, Schulden, Investitionen, Auslagen, Auszahlungen, Barzahlungen;
doch dies führt zu: Gewinn, Profit, Steigerungen, Akquisitionen, Erfolg, Dividenden, finanziellen Einnahmen, reichen Ernten, guter Entlohnung.

Die SIGYL-Rune (⌐) im Feuerquadranten (⌈)
Hauptbedeutung: Sei ruhig und wachsam.
Zusatzbedeutungen: Es ist notwendig, unbewegt zu bleiben, stetig, sich zusammenzureißen, Haltung zu bewahren, kühl, ernst, abgeklärt, zufrieden, sich nicht aufregen zu lassen, sorglos, gutgelaunt, entspannt. Außerdem muß man träge sein, einen festen Stand haben, die Zeit abwarten, zur Ruhe kommen, die Sache aussitzen, Anker werfen, sich nicht bewegen, unbeweglich bleiben.

Die SIGYL-Rune (⌐) außerhalb des Runenkreises (∅)
Hauptbedeutung: Abwarten.
Zusatzbedeutungen: Es ist notwendig, dabeizubleiben, weiter zu machen, ruhig zu sein, die Zeit vergehen zu lassen, zu schlafen, nichts zu tun, träge zu sein, die Dinge zu betrachten, abzuwarten und Tee zu trinken, zu zögern, nicht weiter zu kommen, zu stagnieren.

8
TIUS ACHT

TIU ↑

Diese Rune regiert INTRIGEN.

Schlüsselwörter: geheime Pläne, unter der Hand, Geheimwaffen, verborgene Mächte ins Spiel bringen, die Neugier wecken.

Die TIU-Rune (↑) innerhalb von SKJEBNE (□)
Hauptbedeutung: Vollendung eines Projekts.
Zusatzbedeutungen: Abschluß, Ende, Reifung, Bereitstellung, Höhepunkt, Gipfel, Vollendung, Fertigstellung, Durchführung, Realisierung, eines:
Projekts, Plans, Programms, einer Politik, Strategie, Unternehmung, eines Engagements, einer Verpflichtung, eines Geschäfts, Versprechens, einer Initiative, eines Wagnisses, eines Ziels, einer ehrgeizigen Angelegenheit.

Die TIU-Rune (↑) außerhalb von SKJEBNE (⊡)
Hauptbedeutung: neuer Anfang.
Zusatzbedeutungen: vorher nicht existent, neu geschaffen, erfunden, eingeführt, entdeckt, nicht vertraut, zusätzlich, neueste Errungenschaft, modern, letzter Schrei, ofenfrisch, brandneu, noch nicht gebraucht oder getragen, frisch aus der Presse, original, noch nicht angepaßt.

Start, Zeitpunkt, Neubeginn, Eröffnung, Kanäle, Gelegenheit, Chancen, neue Weidegründe, noch nicht begangene Wege, neue Erfahrungsmöglichkeiten, Neubeginn, noch eine Gelegenheit.

Die TIU-Rune (↑) im Luftquadranten (ᚠ)
Hauptbedeutung: Hoffnungen drängen zum Handeln.
Zusatzbedeutungen: jetzt, im Augenblick, sofort:
gibt es Erwartungen, Annahmen, Hoffnungen, Ideale, ehrgeizige Pläne, Ziele, Visionen, Träume, Wünsche, geheime Begierden.
Sie verlangen nach, brauchen, bedürfen, vermissen, ermangeln, bedingen, fordern:
Durchführung, Aktion, Erledigung, Abschluß, Abfertigung, schnelle Abarbeitung, Realisierung, mit Kraft und Energie, Behandlung, Operation, Einleitung von Schritten, Versuch, Einsetzung, Anstoß.

Die TIU-Rune (↑) im Erdquadranten (ᚦ)
Hauptbedeutung: Zeig mehr von deinen Gefühlen.
Zusatzbedeutungen: enthülle, verstecke nicht, offenbare, verrate, drücke aus, präsentiere, sei offen, frei, decke auf, gib bekannt — Gefühle, Eindrücke, Sympathien, Begierden, Nöte, Bedürfnisse. Verstecke nichts, halte nichts zurück, laß nichts ansammeln, sei offener als sonst.

Die TIU-Rune (↑) im Wasserquadranten (◊)
Hauptbedeutung: Wenn du hast, was du willst — mach weiter.
Zusatzbedeutungen: Besitzen, zur Verfügung haben, erhalten, erlangen, erreichen, Erfolg haben, Erfahrung sammeln, zum Ziel gelangen — bezüglich dessen, was man braucht, wünscht, bedarf, nicht hat, ohne das man auskommen muß-

te, was man ersehnt, erstrebt, wofür man arbeitet, was man sucht, wem man nachläuft, wo man seinen Ehrgeiz hineinlegt, wonach man trachtet, wonach einem gelüstet — jetzt ist die Zeit zum wechseln, weitermachen, vorwärtsgehen, etwas anderes versuchen, Fortschritte machen, höhere Ziele setzen, wieder etwas in Bewegung bringen, zum Handeln bereit sein, von neuem beginnen, reisen, sich umstellen.

Die TIU-Rune (↑) im Feuerquadranten (↑)
Hauptbedeutung: Neues ausprobieren.
Zusatzbedeutungen: noch nicht existente, neu geschaffene, erfundene, entdeckte, eingeführte, ungewöhnliche, weitere, zusätzliche, gerade eingetroffene, moderne, neuere, frisch gedruckte, originale, noch nicht vertraute —
Möglichkeiten, Methoden, Stile, Moden, Wege, Türen, Öffnungen, Vorgangsweisen, Techniken, Routen —
die man testen sollte, erforschen, aussortieren, erfahren, experimentell behandeln, durchforsten, ausprobieren, praktizieren, verifizieren, überprüfen, analysieren, auf den Grund gehen.

Die TIU-Rune (↑) außerhalb des Runenkreises (∅)
Hauptbedeutung: Gefahr der Übertreibung und des Verlusts der Kontrolle.
Zusatzbedeutungen: Tendenz, Anfälligkeit, Wahrscheinlichkeit, Möglichkeit, gute Chancen, kann erwartet werden, vorhersehbar, Anzeichen vorhanden, liegt in der Luft, aller Voraussicht nach:
Übertreiben, zu weit gehen, des Guten zuviel tun, vergrößern, stark beanspruchen, sich zu viel herausnehmen, durchgehen, bis zum Äußersten gehen.
Dabei wird man träge, desorganisiert, unfähig, impotent, hat nichts mehr zu sagen, antriebslos, Chaos, kraftlos, die

Zügel nicht mehr in der Hand haltend, Opfer der Umstände, Umgebung, von Faktoren.

BIARKAN ᛒ

Diese Rune regiert das ZUHAUSE.

Schlüsselwörter: Wo man mit der Familie lebt, wo sich das Privatleben abspielt, wo man Beständigkeit findet, wo man wohnt, sein Leben lebt, Zuflucht findet, wo man sich wohl und entspannt fühlt.

Die BIARKAN-Rune (ᛒ) innerhalb von SKJEBNE (☐)
Hauptbedeutung: Einheit.
Zusatzbedeutungen: zu einer Einheit zusammengeschweißt, zusammengeführt, eins geworden, kombiniert, vereinigt, gefestigt, verschmolzen, in Übereinstimmung, zusammenarbeitend, harmonisch, ein Herz und eine Seele, absolut, unzertrennlich, wie ein Mann.

Die BIARKAN-Rune (ᛒ) außerhalb von SKJEBNE (⊙)
Hauptbedeutung: Familienzusammenkünfte.
Zusatzbedeutungen: Zusammenkommen, Treffen, Kriegsrat, Sippensitzung, Verwandte, Brüder, Schwestern, Eltern, Tanten, Onkel, Vettern, Schwager, Gatten, Gattinnen, der ganze Verein, Geburtstage, Hochzeiten, Begräbnisse, Taufen, Wiedersehensfeiern, Weihnachtstreffen.

Die BIARKAN-Rune (ᛒ) im Luftquadranten (ᚦ)
Hauptbedeutung: Nachrichten von einer Hochzeit oder einer Geburt.
Zusatzbedeutungen: Information, Gerücht, Erzählung, Mit-

teilung über: eine Hochzeit, kirchliche Trauung, standesamtliche Eheschließung, Verlobung mit in Aussicht gestellter Heirat; Beginn eines neuen Lebens, Geburt eines Kindes, Nachkomme, neuer Anfang, Ankunft des Storchs.

Die BIARKAN-Rune (ᛒ) im Erdquadranten (ᛒ)
Hauptbedeutung: Kräfte gewinnen.
Zusatzbedeutungen: abbremsen, nichts übertreiben, nicht zuviel auf sich nehmen, auf die Bremsen treten, die Batterien wieder aufladen, die Segel einziehen, Geschwindigkeit verringern, die Zügel straffen, im Zaum halten, an die Kandare nehmen, langsamer werden;
sich erholen, neue Kräfte sammeln, Energien tanken, wiederbeleben, gesund werden, sich stärken und kräftigen, wieder auftauchen, sich ausschlafen, zu sich selbst finden.

Die BIARKAN-Rune (ᛒ) im Wasserquadranten (◊)
Hauptbedeutung: Beachte die langfristigen Folgen und sichere dich rechtlich ab.
Zusatzbedeutungen: Sei auf der Hut, nimm zur Kenntnis, widme deine Aufmerksamkeit, beachte, halte ein Auge darauf, bedenke, sei wachsam; bezüglich dessen, was lange dauert, die Zukunft betrifft, bleiben wird, mit Sicherheit verbunden ist, im Schoß der Zukunft liegt, künftige Generationen betrifft, mit dem letzten Lebensabschnitt zu tun hat; sorge jetzt vor, schütze dich, triff Vereinbarungen, schließe Verträge ab —
die da sind: offiziell, bindend, innerhalb der Grenzen des Gesetzes.

Die BIARKAN-Rune (ᛒ) im Feuerquadranten (ᚠ)
Hauptbedeutung: Achte auf das Kleingedruckte.
Zusatzbedeutungen: sei aufmerksam, nimm zur Kenntnis,

beachte, notiere, habe ein Auge auf, konzentriere dich, mach dir die Mühe, nimm dir Zeit, beobachte, nimm ernst: scheinbar unwichtige Angelegenheiten: Sei genau, präzise, gründlich, kleinlich, sorgfältig, ausführlich, das kleinste Detail beachtend, prüfe wiederholt, laß dir nichts entgehen, sei anspruchsvoll, heikel und wählerisch.

Die BIARKAN-Rune (ᛒ) außerhalb des Runenkreises (∅)
Hauptbedeutung: unerwünschte Schwangerschaft/Fehlgeburt.
Zusatzbedeutungen: nicht benötigt, zu viele, Strohhalm, Bürde, Elternschaft, Zeugung, in Schande empfangen, unehelich, zur falschen Zeit, auf Familienart, austragen, zum Leben erwecken; Totgeburt, Abgang, Frühgeburt, Verlust des Kindes, Schwangerschaftsabbruch.

EH ᛖ

Diese Rune regiert VERÄNDERUNGEN.

Schlüsselwörter: Wechsel oder Änderung der Meinung, des Geschmacks, der Lebensumstände, des Charakters, totale Umwandlung, Umwälzungen, Ersatz, Unterschiede, neue Situation, das Vertraute wird fremd.

Die EH-Rune (ᛖ) innerhalb von SKJEBNE (□)
Hauptbedeutung: Vollendung von Plänen.
Zusatzbedeutungen: Abschluß, Beendigung, Ergebnis, Ausstellung, Reifung, Vollendung, Erfüllung, Vollziehung; durchgeführt, verabschiedet, erreicht, beendet, bis zum Ende durchgezogen, alle Fäden verknotet, erledigt, zu den Akten gelegt.

Das betrifft: Schemata, Entwürfe, Zeitpläne, Programme, Arrangements, Durchführungsbestimmungen, was man tun, erreichen, erlangen wollte, die Ziele, das Streben, die Arbeit.

Die EH-Rune (ᛖ) außerhalb von SKJEBNE (◻)
Hauptbedeutung: einseitige Liebe.
Zusatzbedeutungen: Hauptgewicht liegt bei einer Partei, ungleichmäßig, Freundschaft, Zuneigung, Zärtlichkeit, Liebe, die nicht geteilt wird, Haßliebe, Verblendung, Vernarrtheit, plötzliche Leidenschaft, ein Idol, Herzeleid, keine Gegenliebe, wird nur benutzt.

Die EH-Rune (ᛖ) im Luftquadranten (ᛉ)
Hauptbedeutung: vorübergehende Liebe.
Zusatzbedeutungen: nicht auf Dauer, schwindend, vergehend, zeitlich begrenzt, süß aber kurz, vergänglich, kurzlebig, fliehend, zum Untergang verurteilt, momentan, heute da und morgen fort, eine Affäre, ein Flirt, eine Intrige, eine lose Anbandelei.

Die EH-Rune (ᛖ) im Erdquadranten (ᛒ)
Hauptbedeutung: neue Freundschaft.
Zusatzbedeutungen: jüngst, frisch, neueste Errungenschaft, erblühend, vorher nicht dagewesen, neuer Anfang, im Entstehen, Geburt, herandämmernd, Gestalt annehmend: Freundschaft, Gleichklang, intime Beziehung, Seelenverwandtschaft, Wärme, Begleitung, auf gutem Fuße stehend, unzertrennlich, nahe, dicke Freunde, treu, fest, beständig.

Die EH-Rune (ᛖ) im Wasserquadranten (◊)
Hauptbedeutung: Vorsicht — aber bleib zuversichtlich.
Zusatzbedeutungen: Sei auf der Hut, halte Wacht, bleibe zu-

rückhaltend, gib nicht zuviel preis von dir, sei vorsichtig, aufmerksam, achtsam, zeige deine Hände nicht her, stürz dich nicht hinein, bleibe Beobachter — doch erwecke den Eindruck der Überlegenheit, Sicherheit, Aggressivität, Lebendigkeit, Stärke, Unternehmungslust, Abenteuerlichkeit, des Wagemuts, der Härte, als ob du zu allem bereit wärst, vor nichts zurückschreckst, vor nichts Angst hast, unerschütterlich bist, dich durch nichts aus der Ruhe bringen läßt, Kampfgeist, Mut und inneren Antrieb besitzt.

Die EH-Rune (M) im Feuerquadranten (↑)
Hauptbedeutung: Nichts enthüllen.
Zusatzbedeutungen: nichts weitergeben, mitteilen, herauslassen, preisgeben, gestehen, zugeben, andeuten, beichten, exponieren, der Öffentlichkeit bekannt machen, enthüllen, verraten, damit herausplatzen, sein Gewissen erleichtern, mitteilen, allen erzählen.
Schweige, behalt's für dich, gib nichts her, kein Wort darüber, mach ein Geheimnis daraus, enthülle nichts, behalt's im Herzen.

Die EH-Rune (M) außerhalb des Runenkreises (∅)
Hauptbedeutung: dumme Fehler.
Zusatzbedeutungen: gedankenlos, hirnlos, idiotisch, stupide, unvorsichtig, leichtsinnig, kraß, unzuverlässig, idiotisch, gar nicht klug, leichtfertig, albern, einfältig, sinnlos, kindisch, eitel, vergeblich.
Das bezieht sich auf: Fehler, Fehlkalkulationen, Schnitzer, Fehlentscheidungen, ungenaue oder falsche Ideen, undiszipliniertes Denken, Schlampigkeit, Ziellosigkeit, das falsche Ding am falschen Ort machen, Vergeßlichkeit, übersehen, plump.

MAN ᛘ

Diese Rune regiert MITTEILUNGEN.

Schlüsselwörter: Information, Weitergabe von Wissen, Neuigkeiten.

Die MAN-Rune (ᛘ) innerhalb von SKJEBNE (☐)
Hauptbedeutung: vorsichtiges Experiment.
Zusatzbedeutungen: Teste, versuche, probiere aus, überprüfe, suche nach Beweisen, unterwirf der Feuerprobe, analysiere, bekomme ein Gefühl für, taste dich vor, wage, übe, erforsche — mit Sorgfalt; ernsthaft, aufmerksam, vorsichtig, auf der Hut, nimm dich in acht, halte die Augen offen, achte aufs Detail, mach die Hausaufgaben, sei gründlich, pedantisch, schaffe solide Grundlagen.

Die MAN-Rune (ᛘ) außerhalb von SKJEBNE (◌)
Hauptbedeutung: Probleme mit Verträgen, die durch einen Mangel an Kommunikation entstanden; nicht delegieren!
Zusatzbedeutungen: Zweifel oder Schwierigkeiten, schwerverständliche Dinge, aussortieren; in Verbindung mit gegenseitigen Vereinbarungen zwischen zwei Parteien, Geschäftsverträgen, gesetzlichen Dokumenten, Eheschließungen. Grund: Fehlen von oder Mangel an Mitteilungen. Vermittlung von Ideen, sprachlichen Äußerungen, Ausdruck von Gefühlen.
Du darfst nicht: delegieren, einen Vertreter schicken, Autorität weitergeben. Mach alles selbst, laß niemand sonst deine Arbeiten durchführen.

Die MAN-Rune (ᛘ) im Luftquadranten (ᚥ)
Hauptbedeutungen: Jetzt ist Vernunft gefragt.

Zusatzbedeutungen: Übe Mäßigkeit, sei beherrscht, halte im Zaum, halte in Grenzen, sei ruhig, reg dich nicht auf, erwarte nicht zuviel, sei gerecht, gleiche aus. Das muß jetzt geschehen, ist erforderlich, wichtig, notwendig, ein absolutes Muß, eine zwingende Voraussetzung.

Die MAN-Rune (ᛉ) im Erdquadranten (ᛒ)
Hauptbedeutung: Gesundheitliche Schäden durch Überbeanspruchung.
Zusatzbedeutungen: Wenn du bei Kräften bleiben willst, eine gute Konstitution brauchst, stark und gesund, vital und fit, wohlbehalten und blühend, robust und mit Pferdekräften ausgerüstet sein willst — dann gehe keine gesundheitlichen Risiken ein, meide körperliche Gefahren, übertreibe nichts, hüte dich vor Müdigkeit und Erschöpfung, treib dich nicht zum äußersten an, denn das alles bringt dir nur das Gegenteil dessen ein, was du wünschst.

Die MAN-Rune (ᛉ) im Wasserquadranten (◊)
Hauptbedeutung: Die Umstände sind gegen dich — Gerüchte.
Zusatzbedeutungen: Ohne Widerstand wirst du vorwärtsgetrieben, andere Einflüsse stehen deinen Wünschen entgegen, Opposition, Kollisionskurs.
Verdächtigungen, Gerüchte, Tratsch, heimliche Winke, Geschwätz, Verleumdungen, üble Nachrede, Skandale, unterschwellige Beschuldigungen, leises Flüstern.

Die MAN-Rune (ᛉ) im Feuerquadranten (ᛋ)
Hauptbedeutung: Eine tiefe Beziehung entwickelt sich jetzt, nachdem die wahre Absicht verborgen wurde.
Zusatzbedeutungen: mit tieferer Bedeutung, nicht bloß körperlich, geistiges Verstehen, weitreichend, harmonisches

Verhältnis, Rücksichtnahme, Affinität, Allianz, Liaison, Zwillingsseelen.
Wächst, wird klar, dehnt sich aus, vergrößert sich, reift, erblüht, baut sich auf, weitet sich.
Nachdem die wahre Absicht, Streben, Trachten, Ziel, Entwurf, Bedeutung, Zweck, Zusammenhang, Idee —
verdeckt, versteckt, verschleiert, geheimgehalten, nicht zugegeben, nicht genannt, übergangen, zugeschüttet wurden.

Die MAN-Rune (ᛘ) außerhalb des Runenkreises (∅)
Hauptbedeutung: unzuverlässig.
Zusatzbedeutungen: zweifelhaft, dubios, unsicher, vage, unbestimmt, verräterisch, unvorhersehbar, unzuverlässig, schwebend, zufallsabhängig, riskant, unstabil, zwielichtig, fragwürdig, unerprobt, ungetestet, verdächtig, kriminell, verbrecherisch, unehrlich, unter der Hand, treulos, niederträchtig, korrupt.

LAGU ᛚ

Diese Rune regiert GEFÜHLE.

Schlüsselwörter: Emotionen, Stimmungen, Wahrnehmungen, Gefühle, Sinneseindrücke, Erfahrung, Leidenschaften, Hoffnungen und Ängste, das innere Selbst berührend.

Die LAGU-Rune (ᛚ) innerhalb von SKJEBNE (□)
Hauptbedeutung: Seelische Kräfte führen dich, kennen aber keine Grenzen.
Zusatzbedeutungen: Das Unterbewußtsein, Wahrnehmungen, Kräfte der Vernunft, Ideen, Konzepte, Gedanken, aus der Seele, aus dem Herzen; sie zeigen, geben die Richtung

an, führen auf den Weg, befehlen, spornen an, bestimmen das Tempo.
Meide Überreaktionen, nimm nicht zuviel auf dich, nimm den Mund nicht zu voll, unternimm nur, womit du auch fertigwirst, erkenne deine Grenzen.

Die LAGU-Rune (↑) außerhalb von SKJEBNE (⌂)
Hauptbedeutung: Antworten, die in der eigenen Seele stecken: äußere Einflüsse führen in die Irre.
Zusatzbedeutungen: Lösungen, der Schlüssel zum Problem, der richtige Weg — sie finden sich im eigenen Geist. Es liegt an einem selbst, nach ihnen zu suchen, sie zu erkennen und zu formulieren.
Situationen, finanzielle Probleme, Pflichten, Verantwortungen, die Meinungen anderer trüben die Sache, geben einen falschen Eindruck, färben die eigene Entscheidung, täuschen.

Die LAGU-Rune (↑) im Luftquadranten (ψ)
Hauptbedeutung: Körperliche Anziehungskraft verschleiert die Dinge. Suche tieferes Verständnis.
Zusatzbedeutungen: Körperliche (nicht seelische) Anziehung oberflächlicher, äußerer, sinnlicher Natur, bringt mit sich: daß die Entscheidung beeinflußt, in die falsche Richtung gedrängt wird, ein falsches Bild ergibt, den Blick verschleiert. Es wird nötig sein, tiefer zu graben, die verschiedenen Schichten zu erforschen, unter die Oberfläche zu schauen, die Sache zu ergründen, zu erforschen, schichtweise abzutragen, sich im Inneren umzusehen, um durchzublicken, die wahre Bedeutung zu finden, Wissen zu erlangen.

Die LAGU-Rune (↑) im Erdquadranten (ß)
Hauptbedeutung: Erhebe dich über andere Personen, damit du erkennst.

Zusatzbedeutungen: Halte Ausschau nach weiteren Zielen, nach Tiefen, die durch äußere Erscheinungen verhüllt werden. Laß dich nicht vom Schein beeinflussen, von schönen Zügen blenden, von persönlichen Eigenarten, Qualitäten, Seltsamkeiten, Identitäten, manierierten Verhaltensweisen. Das wird dir nicht helfen, die Dinge in ihrer Tiefe zu sehen, zu verstehen, zu begreifen, anzuerkennen, wahrzunehmen, zu wissen, zu unterscheiden, auseinanderzuhalten, kennenzulernen. Es würde dich nur täuschen und vereinnahmen.

Die LAGU-Rune (↑) im Wasserquadranten (◊)
Hauptbedeutung: Dunkelheit; nicht stehenbleiben, sondern den Weg erfühlen.
Zusatzbedeutungen: Unwissenheit, Nichterkennen, Mangel an Wissen, unbekannte Einflußgrößen, Fehlen der Erleuchtung, Dunkelheit, Ungewißheit, Untätigkeit herrschen vor. Aber du sollst: weitermachen, weitergehen, ausharren, dabeibleiben, den Weg zu Ende gehen, durchhalten, nicht wanken, nicht zögern. Sondiere die Lage, mache Versuche, probiere, taste dich heran, tappe umher, bekomme ein Gefühl für die Dinge, erprobe, wage, erforsche, grabe, bleib am Ball.

Die LAGU-Rune (↑) im Feuerquadranten (↑)
Hauptbedeutung: Ein positiverer Zugang ist erforderlich. Beachte die Vergangenheit.
Zusatzbedeutungen: Eine neue Art des Herangehens, der Durchführung, ein neuer Stil, neue Vorgangsweisen, *Modi operandi*, sind erforderlich. Du mußt sicher, selbstbewußt, ohne Zweifel, allwissend sein. Nimm als Grundlage Wissen und Erfahrung von früher, lerne aus den Fehlern der Vergangenheit, erinnere dich an das, was früher war und sich ereignete, kehre zurück zu deinen Wurzeln.

Die LAGU-Rune (⌈) außerhalb des Runenkreises (∅)
Hauptbedeutung: Laß dich von Widerstand nicht ablenken.
Zusatzbedeutungen: Verliere nicht die Orientierung, nimm nicht den falschen Weg, laß dich nicht aus der Kurve tragen oder in die Irre führen, bleib am Ball und in der Spur.
Deine Gegner sind: Widerspruch, Behinderungen, Dazwischenfunken, opponierende Kräfte, Verweigerung der Zusammenarbeit, Rivalitäten, Widerstände, Proteste, Hürden, Querbalken. Bleib hart und beharre auf deinem Weg.

ING ◊

Diese Rune regiert FAMILIENANGELEGENHEITEN.

Schlüsselwörter: enge Verwandtschaft, Gatte/Gattin, Eltern, Kinder, Brüder, Schwestern, Tanten, Onkel usw.

Die ING-Rune (◊) innerhalb von SKJEBNE (☐)
Hauptbedeutung: Veränderung, die eine Verbesserung bringt.
Zusatzbedeutungen: Verschiedenheit, Variation, Neuerung, neue Phase, Ersatz, etwas Neues, nicht zur Routine gehörend;
verursacht, bringt mit sich, ist direkt verantwortlich für, inspiriert, ergibt sich aus, führt zu, bringt mit sich, entzündet, provoziert:
Fortschritt, Verbesserung, Bewegung nach vorn, Vorsprung, Beförderung, erfolgversprechende Weiterentwicklung, hilft auf die Sprünge, volle Fahrt voraus, Förderung, Gewinn, Erreichung von Zielen.

Die ING-Rune (◊) außerhalb von SKJEBNE (⌻)
Hauptbedeutung: Wohnungswechsel.
Zusatzbedeutungen: Änderung des Wohnsitzes, neue Umgebung, Tapetenwechsel, neuer Platz zum Leben, neue Wurzeln, neue Weidegründe, Anfänge, Abenteuer, neue Gesichter, anderes Haus.

Die ING-Rune (◊) im Luftquadranten (ψ)
Hauptbedeutung: Ändere deine Pläne — sei anpassungsfähig und freigiebig.
Zusatzbedeutungen: Wechsle, variiere, modifiziere, ersetze, nimm etwas Neues:
Das bezieht sich auf Projekte, Pläne, Entwürfe, Unternehmungen, Abenteuer, Wagnisse, Engagements, Arbeitsprogramme, Strategien.
Und das wird jetzt benötigt: Elastizität, vorbereitet sein auf die Übergabe, Vielseitigkeit, Bereitschaft, Entspanntheit, Ideenreichtum, Vielfalt.

Die ING-Rune (◊) im Erdquadranten (ß)
Hauptbedeutung: Die persönliche Einstellung muß sich ändern.
Zusatzbedeutungen: Die eigene, private, selbständige, individuelle Art zu denken, das Verhalten, der Standpunkt, die Art, Entscheidungen zu fällen, das Schlußfolgern, die Reaktionen und Gedanken;
müssen sich ändern, vielfältiger werden, anders werden, einen neuen Blickpunkt erhalten, eine neue Richtung bekommen.

Die ING-Rune (◊) im Wasserquadranten (◊)
Hauptbedeutung: Äußere Einflüsse führen zu Veränderungen.

Zusatzbedeutungen: Einflüsse jenseits der eigenen Einflußnahme oder Gewalt, die Aktionen einer anderen Person, etwas, worauf man keinen Einfluß und worüber man keine Autorität hat, durch die Umstände gezwungen, die allgemeine Lage, das Schicksal, die Vorsehung; verursachen, bringen mit sich, sind verantwortlich für, resultieren in, bilden den Initialfunken, provozieren, machen möglich, liegen zugrunde, bilden das Fundament für —
eine Änderung, eine Variation, einen Wechsel, etwas Neues, einen Ersatz, keine Routine, einen neuen Blickwinkel oder Ansatzpunkt.

Die ING-Rune (◊) im Feuerquadranten (⌠)
Hauptbedeutung: Die eigenen Aktionen bringen einem anderen Vorteile.
Zusatzbedeutungen: Die eigenen, persönlichen, privaten, individuellen, nicht fremdbestimmten Unternehmungen, Durchführungen, Energien, Einflüsse, unternommenen Schritte, Taten, Funktionen, eingehaltenen Vorgangsweisen — werden jemandem zum Vorteil gereichen (nicht einem selbst, sondern einer anderen Person), Gutes tun, Vergünstigungen bringen, helfen, unterstützen, Vorteile bringen, eine Hilfe sein.

Die ING-Rune (◊) außerhalb des Runenkreises (∅)
Hauptbedeutung: Falsche Darstellung.
Zusatzbedeutungen: auf die falsche Art dargestellt, falsches Zeugnis abgeben, ein falsches Licht darauf werfen, Travestie, Parodie, Karikatur, verzerrtes Bild, Falschinformation, überdramatisiert, übertriebener Bericht, falsch sein, ablenken, herunterspielen, umstoßen.

ODAL ᛟ

Diese Rune regiert BERGE, DIE ERKLOMMEN WERDEN MÜSSEN.

Schlüsselwörter: Hindernisse, die man überwinden muß, die bezwungen werden, über die man sich erhebt, seinen Weg nach oben erkämpfen, sich durchbeißen, die Leiter hochklettern.

Die ODAL-Rune (ᛟ) innerhalb von SKJEBNE (▢)
Hauptbedeutung: Gewinn durch neue Anstrengungen.
Zusatzbedeutungen: gewinnen, bekommen, erhalten, sich aneignen, sparen, geizen, Guthaben, Profite, Dividenden kassieren, Erfolg haben, Geld scheffeln, reich werden, ernten, wachsen;
durch: persönliche, eigene, unabhängige, ohne fremde Hilfe zustandegekommene, private, in den eigenen Händen liegende:
Anstrengungen, Kämpfe, Antriebe, Energien, Kräfte, Muskeln, Arbeiten, Mühen, durch sein Durchhaltevermögen.

Die ODAL-Rune (ᛟ) außerhalb von SKJEBNE (▢)
Hauptbedeutung: Schwierigkeiten beim Kauf/Verkauf von Vermögen und Besitz.
Zusatzbedeutungen: Erbschaften, Besitzungen, bewegliche Habe, Eigentum, Landgüter, Geburtsrechte, Erbstücke, Vermächtnisse, Hinterlassenschaften, bewegliche Güter, Wertpapiere, Guthaben, Aktivposten, Hindernisse erfordern Bemühungen zu ihrer Entfernung, peinliche Lagen, Widerstände, unangenehme Situationen, Probleme, Sorgen, Hürden, Hemmnisse;
im Zusammenhang mit Tauschgeschäften, Geldwechsel, Er-

werb, Veräußerung oder Verkauf, Suchen eines Käufers, Abschließen eines Vertrags, Überweisungen.

Die ODAL-Rune (◊) im Luftquadranten (ψ)
Hauptbedeutung: Ein williges Opfer ist gefordert.
Zusatzbedeutungen: Was jetzt benötigt wird, was man braucht, was die Stunde erfordert, was fehlt, was angeordnet ist, was festgesetzt und ausbedungen wird, was angefordert und gebraucht wird —
ist: freiwilliges, spontanes, zustimmendes, freudiges, aus eigenem Anstoß kommendes, würdevolles, nicht unwilliges, freudiges, volles, glückliches:
sich Unterwerfen, anbieten, Opfer, Hingabe, Resignation, etwas Aufgeben um eines anderen willen.

Die ODAL-Rune (◊) im Erdquadranten (ß)
Hauptbedeutung: Kraft, die man für den Weg nach oben erhält.
Zusatzbedeutungen: Fähigkeit zum Ertragen, Verstärkung, Kraft, Energie, Mut, Willensstärke, Schneid, Mumm, Potenz, Macht, Toleranz, Unterstützung, Durchhaltevermögen, Kampf, was man braucht;
das wird einem gegeben, vor die Füße gelegt, gewährt, geschenkt, zugewiesen, auferlegt, zur Verfügung gestellt, man wird damit ausgestattet —
für den Aufstieg, den großen Kampf, den Weg nach oben, das Abheben, für das Ersteigen der Leiter, das Erklimmen des Berges, den langen Marsch nach oben.

Die ODAL-Rune (◊) im Wasserquadranten (◊)
Hauptbedeutung: Wag es jetzt — erweitere dich.
Zusatzbedeutungen: im gegenwärtigen Zeitpunkt, in diesem Moment, gerade jetzt, bist du verpflichtet, verurteilt, hast

keine Wahl, es gibt nur einen Weg, es ist geboten und eine notwendige Maßnahme:
zu versuchen, in Anspruch zu nehmen, zu riskieren, es zu wagen, zu spekulieren, einen hohen Einsatz zu riskieren, an die Sache heranzugehen, es zu tun:
erweitern, verbreitern, ausdehnen, wachsen, den Horizont erweitern, sich entfalten, Hemmungen ablegen, höherentwickeln, Geschäftsbeziehungen ausweiten, neue Gebiete und Operationsebenen erobern, neue Wege zu gehen, den Blick in die Ferne zu richten und mehr zu verstehen.

Die ODAL-Rune (◊) im Feuerquadranten (↑)
Hauptbedeutung: Entschlossenheit siegt.
Zusatzbedeutungen: Entschlußfähigkeit, Ernsthaftigkeit, wichtige Erkenntnis, Entschlossenheit, Entscheidung, sich festgelegt haben, Ausdauer, Durchhalten, Durchstehen, keinen Unsinn dulden, Willenskraft, Zähigkeit, Konzentration, Zielgerichtetheit, Konstanz, Mut, Mumm;
führt zu: einem glücklichen Abschluß, einer Erfolgsgeschichte, einer gut verbrachten Zeit, Triumph, Errungenschaften, ausbezahlten Dividenden, Sieg, Graduierung, nicht geschlagen werden, das Gewünschte endlich erreichen, Meisterschaft erlangen.

Die ODAL-Rune (◊) außerhalb des Runenkreises (⌀)
Hauptbedeutung: Vorsicht vor Rädern, die sich drehen.
Zusatzbedeutungen: Vorsicht, Warnung, Achtung, aufmerksam bleiben, immer im Gesichtswinkel haben, im Auge bewahren, gefaßt sein auf, Warnsignale beachten, sich vorsehen, vorbereitet sein auf, auf der Hut sein vor:
sich drehenden Rädern, Zahnrädern, Puzzles, Uhrwerken, Maschinen, dem Rad des Schicksals.
Gefahr eines Unfalls, verursacht durch Räder, ein Auto, einen Zug, ein Fahrrad oder irgendwelche Maschinen.

DAEG ᛞ

Diese Rune regiert EHRGEIZ.

Schlüsselwörter: Hoffnungen, Erwartungen, Ambitionen, Visionen, Träume, Begierden, Ziele, Pläne, wonach jemand strebt, Absichten, Streben und Trachten, was man sich vorstellt.

Die DAEG-Rune (ᛞ) innerhalb von SKJEBNE (□)
Hauptbedeutung: Belohnte Mühen.
Zusatzbedeutungen: Maßnahmen, unternommene Schritte, was getan, durchgeführt, ausgeführt, eingerichtet, angewiesen, mit Mühe vorangebracht, realisiert wurde, Streß, Beanspruchungen, Spannungen, Schwierigkeiten, Arbeiten, harte Mühen, Dabeibleiben, das Letzte hergeben;
lohnt sich, zahlt sich aus, bringt Prestige, Vergütung, Entlohnung, Honorar, Dank, Profit, verdiente Wohltaten, Komplimente, Ehren, es wurde nicht vergessen, bringt guten Ruf und Anerkennung.

Die DAEG-Rune (ᛞ) außerhalb von SKJEBNE (⊙)
Hauptbedeutung: Sei positiv unter negativen Umständen.
Zusatzbedeutungen: Sei sicher, zuversichtlich, voll Vertrauen, überzeugt, zuverlässig, standhaft, ohne Zweifel, unableugbar, garantiert — in Umständen, Umwelten, Umgebungen, Lagen, die scheinbar oder tatsächlich folgendes mit sich bringen: Ablehnung, einen hinderlichen, erfolglosen, frustrierenden, bereits verlorenen, mißlungenen, nichts einbringenden Kampf. Laß dich nicht unterkriegen!

Die DAEG-Rune (ᛞ) im Luftquadranten (ᚹ)
Hauptbedeutung: Sich bedeckt halten.

Zusatzbedeutungen: Abwarten und Tee trinken, hinauszögern, auf Zeit setzen, verschieben, vertagen, verschleppen, zurückhalten, weggeben, beiseite legen, Zeit gewinnen, lavieren, in der Schwebe halten, Pläne geheimhalten, nicht zu offen sein, auf die Zukunft setzen.

Die DAEG-Rune (ᛞ) im Erdquadranten (ᛒ)
Hauptbedeutung: Fortschritte machen, wo es geht.
Zusatzbedeutungen: Vorwärtskommen, voranschreiten, Terrain gewinnen, einen zünftigen Marsch hinlegen, gewinnen, entwickeln, erreichen, Boden gewinnen, vorwärtspreschen, bergan marschieren, vorwärtsdrängen;
wann immer es möglich ist, bei jeder Gelegenheit und Eröffnung, jede Chance ergreifen, was herankommt, zum eigenen Vorteil nutzen, was innerhalb der eigenen Reichweite liegt, für den eigenen Vorteil verwenden.

Die DAEG-Rune (ᛞ) im Wasserquadranten (◊)
Hauptbedeutung: Taten bringen erkennbaren Fortschritt.
Zusatzbedeutungen: Unternehmungen, Bewegungen, Tätigkeiten, Energien, Einflüsse, eingeleitete Schritte, Taten, Funktionen, eingeschlagene Wege;
sind offensichtlich, deutlich sichtbar, nicht zu übersehen, vor aller Augen, ereignen sich, bieten sich dar, sind echt, erkennbar, werden durchgeführt, entfalten sich, dehnen sich aus, kommen zur Wirkung, gehen weiter, erscheinen, werden, realisieren sich, sind an der Tagesordnung.

Die DAEG-Rune (ᛞ) im Feuerquadranten (ᚠ)
Hauptbedeutung: Ein neuer und besserer Lebensstil.
Zusatzbedeutungen: vorher nicht vorhanden, zum Leben erweckt, erfunden, eingeführt, ungewohnt, frisch, verbessert, von besserer Qualität, das Vergangene übertreffend, Wechsel zum Besseren;

betreffs: Existenz, Lebensart, Natur, Lebensstandard, Lebensstil.

Die DAEG-Rune (ᛞ) außerhalb des Runenkreises (∅)
Hauptbedeutung: nicht anerkannte Bemühungen.
Zusatzbedeutungen: Maßnahmen, eingeleitete Schritte, durchgeführte Arbeiten, Leistungen, Werke, Taten, Mühen, Anstrengungen, Projekte, hart Erkämpftes, wo man sein Äußerstes hergegeben hat, das Lebenswerk; es gibt kein Wort des Lobs, es wird nicht gewürdigt, war ein reiner Liebesdienst, unbesungen, unbeachtet, vergessen, ignoriert, niemand hat Notiz genommen, wurde übersehen, kein Wort des Danks, ohne Entlohnung.

9

SKJEBNE

Diese Rune regiert das SCHICKSAL.

Schlüsselwörter: Kismet, Los, Vorherbestimmung, Glück, Schicksal, in den Sternen, Gottes Wille, vorgeschriebener Weg.

Die SKJEBNE-Rune (▢) innerhalb von SKJEBNE (▢)
Hauptbedeutung: Das, was man annehmen muß.
Zusatzbedeutungen: was toleriert werden muß, womit man sich abfinden muß, das Unvermeidbare, Schicksal, Los, Glück, den vorbestimmten Lauf nehmen, keine Wahl, nicht im eigenen Einflußbereich, sich anpassen müssen, in den Sternen, das Vorherbestimmte, die Verfügung.

Die SKJEBNE-Rune (▢) außerhalb von SKJEBNE (▢)
Hauptbedeutung: ein Problem, mit dem man sich jetzt auseinandersetzen muß.
Zusatzbedeutungen: Schwierigkeit, mißliche Lage, Verlegenheit, Dilemma, Auswegslosigkeit, Komplikation, Ärger, Sorge, schwierige Situation, Kopfschmerzen, Rätsel, Bedenken, harte Sache, Bürde, Salz in der Suppe;
man muß sich jetzt damit auseinandersetzen, es anerkennen, die Sache in Ordnung bringen, nicht länger in der Schwebe lassen, anpacken, zu Ende bringen.

Die SKJEBNE-Rune (⬚) im Luftquadranten (⇓)
Hauptbedeutung: Konfrontation mit dem Unvermeidlichen.
Zusatzbedeutungen: Du gerätst an einen Gleichwertigen, deinen Doppelgänger, deinen Seelenbruder, deinen Schatten, einen, der so geschickt ist wie du selbst, die gleiche Persönlichkeit, es kann nicht besser werden, er ist dir voraus, zumindest ebenbürtig, auf gleicher Welle, er kennt deine ganzen Tricks.

Die SKJEBNE-Rune (⬚) im Erdquadranten (⬔)
Hauptbedeutung: der Preis, den man zahlen muß.
Zusatzbedeutungen: alles hat seinen Preis, du bekommst nichts umsonst, Strafe, Schuld, die beglichen werden muß, Abgabe, Steuern, Spesen, die bezahlt werden müssen, Buße, Pfand, Schadenersatz, Verlust, Kredite und Wohltaten, die zurückgezahlt werden müssen, wie man in den Wald hineinruft, hallt es heraus, wer Wind sät, wird Sturm ernten, ausgleichen, die große Abrechnung, ein Exempel statuieren, eine Lektion, die gelernt sein will.

Die SKJEBNE-Rune (⬚) im Wasserquadranten (◊)
Hauptbedeutung: Du hast die Situation nicht in der Hand.
Zusatzbedeutungen: Umstände, Vorgänge, äußere Einflüsse, mißliche Lage, Position, vorherrschende Bedingungen, allgemeine Tendenzen — die man nicht unter Kontrolle hat, die sich nicht lenken lassen, eine Behandlung verweigern, sich der Entscheidung entziehen, unter dem Einfluß eines anderen stehen, von äußeren Einflüssen geprägt sind, im Schoß der Götter ruhen, in der Luft hängen.

Die SKJEBNE-Rune (⬚) im Feuerquadranten (↑)
Hauptbedeutung: Erfolg.
Zusatzbedeutungen: glückliches Ende, erfolgreicher Ab-

schluß, Triumph, Früchte tragend, unbesiegt, Prüfung bestanden, sein Ziel erreichen, erfüllen, erlangen, Resultate zeigen sich, alle Neune wurden getroffen, das Hauptlos ist gezogen, am Endpunkt angekommen, befördert, qualifizierter Abschluß, endlich soweit, die Kurve gekratzt, die Sache hingekriegt, einen Durchbruch erreicht, Wunder bewirkt, die Ernte eingebracht.

Die SKJEBNE-Rune (□) außerhalb des Runenkreises (⌀)
Hauptbedeutung: notwendiges Versagen.
Zusatzbedeutungen: keine andere Möglichkeit, mußte so kommen, keine Wahl, Macht der Umstände, war erforderlich, unveränderbar, unbedingt, unerläßlich, unvermeidbar, schicksalhaft, aufgezwungen;
Fauxpas, Irrtum, Versagen, Fehler, falsches Tun, nicht richtig gerechnet, Versehen, falscher Gedanke, durchgehen lassen, falscher Ort, falsche Zeit.

Bibliographie

ARNTZ, H.: *Handbuch der Runenkunde*, Halle 1935
ALTHEIM, F. und TRAUTMANN, E.: *Vom Ursprung der Runen* (1939)
ARNTZ, H. und ZEISS, H.: *Gesamtausgabe der älteren Runendenkmäler* (1939)

BRÖNSTED, J.: *Nordische Vorzeit* Band 3 (1963)

JENSEN, H.: *Die Schrift in Vergangenheit und Gegenwart* (1958)

KOSBAB, W.: *Das Runen-Orakel*, Freiburg 1982
KRAUSE, W.: *Was man in Runen ritzte* (1943)
KRAUSE, W.: *Die Runeninschriften im älteren Futhark*, Göttingen 1966

MARQUARD, H.: *Bibliographie der Runeninschriften* nach Fundorten (1961)

SCHNEIDER, K.: *Die germanischen Runennamen* (1956)

DE VRIES, J.: *Altgermanische Religionsgeschichte* (1956)

Englischsprachige Bücher:

ARBMAN, Holger: *The Vikings* (Thames & Hudson)

BRANSTON, Brian: *The Lost Gods of England* (Thames & Hudson)

BUTLER, Bill: *The Definitive Tarot* (Rider & Co.)

CARLYON, Richard: *A Guide to the Gods* (William Heinemann Ltd.)
CAVENDISH, Richard: *Encyclopedia of The Unexplained* (Routledge & Kegan Paul)
CROWLEY, Alister: *The Book of Thoth* (Samuel Weiser Inc.)

DIRINGER, David: *The Alphabet* (Hutchinson)

ELLIOTT, R. W. V.: *Runes* (Manchester University Press)
ELLIS-DAVIDSON, H. R.: *Scandinavian Mythology* (Hamlyn)

GRAVES, Robert: *The White Goddess* (Faber & Faber)
GRIMAL, Pierre: *Larousse World Mythology* (Hamlyn)

NICOLSON, James R.: *Shetland Folklore* (Robert Hale)

PAGE, R. L.: *An Introduction to English Runes* (Methuen)

SMITH, Christine: *The Book of Divination* (Rider & Co.)

TAYLOR, Paul B. und AUDEN, W. H.: *The Elder Edda: A Selection* (Faber & Faber)
TURVILLE-PETRE, E. O. G.: *Myth and Religion of the North* (Weidenfeld & Nicolson)

VALIENTE, Doreen: *Witchcraft of Tomorrow* (Robert Hale Ltd.)
VARLEY, Desmond: *Seven the Number of Creation* (G. Bell & Sons)

Encyclopaedia Britannica (William Benton)

Register

Alchemie 32
Almanach 28
Alphabet 19, 25
   hebräisches 38
Aquizi 101 ff.

Biarcan 110 ff.

Christentum 25

Daeg 126 ff.

Edda 23
Eh 112 ff.

Feh 67 ff.
Freyas Acht 21, 67
Futhark 20

Gehängter 32
Giba 82 ff.

Hagals Acht 21, 89
Hippokrates 32

I Ching 11, 37
Ing 120 ff.
Is 64, 92 f.

Jar 94 ff.
Jung, C. G. 11

Kalender, ewiger 26
Kaon 80 ff.
Karma 30

Lagu 117 ff.

Man 115 ff.

Nauths 90 ff.
Nazis 26
Nostradamus 7
Numerologie 32, 37 f.

Odal 123 ff.
Odin 23, 32, 36 f.
Oss 75 ff.

Peorth 98 ff.
Primstaven 26

Rad 77 ff.
Rimstocks 26
Ritual 13
Runa 19
Runen 26
   Gruppen 39
   Inschriften 28
   Tuch 33 f.
   Werfen 29
   Zeichen 12, 20, 22

Schicksal 30
Sigyl 103 ff.
Skandinavien 22
Skjebne 30 ff., 129 ff.
Sleipnir 23
Sumpflicht 8
Symbole 19 f.
synchronistische Ereignisse 12

Tarot 11, 23, 37
Thorn 72 ff.
Tiu 107 ff.
Tius Acht 22, 107

Ur 69 ff.
Urrunen 26

Volsunga Saga 13

Währung, englische 28
Wunjo 84 ff.

Yggdrasil 23, 37
Yr 96 ff.

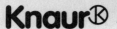

Nakamura, Takashi
Das große Buch vom richtigen Atmen
Mit Übungsanleitungen zur Entspannung und Selbstheilung für jedermann mit altbewährten Methoden der fernöstlichen Atemtherapie.
336 S., 120 s/w-Abb.
[4156]

Ram Dass
Reise des Erwachens
Ein Handbuch zur Meditation.
Ram Dass nimmt uns mit auf eine Reise, die »Reise des Erwachens«, und er eröffnet uns dabei ein vielfältiges Angebot, aus dem wir wählen können: Mantra, Gebet, Singen, Visualisierung, »Sitzen«, Tanzen u. a. Er ermöglicht uns somit einen Zugang zum spirituellen Pfad.
256 S. [4147]

Faraday, Ann
Die positive Kraft der Träume
Die Psychologin und Traumforscherin Ann Faraday hat eine Methode entwickelt, die jedem die Möglichkeit gibt, die individuelle Symbolik seiner eigenen Träume zu entschlüsseln. 267 S. [4119]

Mangoldt, Ursula von
Schicksal in der Hand
Diagnosen und Prognosen. Die Deutung der Anlagen und Möglichkeiten, wie sie in den Signaturen beider Hände sichtbar werden, sind die Schwerpunkte dieses Buches.
256 S. mit 72 Abb. [4104]

Monroe, Robert A.
Der Mann mit den zwei Leben
Reisen außerhalb des Körpers.
Dieser sensationelle Bericht beruht auf 12jähriger Beobachtungszeit, in der der Autor über 500mal seinen Körper verließ. Monroe tritt damit den Beweis an, daß der Mensch einen physischen Körper besitzt und sich sogar von diesem trennen kann.
288 S. [4150]

Der Eingeweihte
Eindrücke von einer großen Seele.
Der Autor berichtet von einem »Eingeweihten«, der sein Leben entscheidend beeinflußte, ohne aber jemals seine Entscheidungsfreiheit einzuschränken. 256 S. [4133]

Jones, Marthy
In die Karten geschaut
Marthy Jones hat sich des mündlich tradierten Zigeunerwissens um das Kartenlegen angenommen und in diesem Buch zusammengefaßt. Die verschiedenen Legesysteme werden erläutert und alle 52 Spiel-Karten gründlich interpretiert.
288 S. mit Abb. [4153]

Kirchner, Georg
Pendel und Wünschelrute
Handbuch der modernen Radiästhesie. Georg Kirchner geht auf alle radiästhetischen Anwendungsbereiche ein, erklärt sie anhand zahlreicher Beispiele. 336 S. mit 50 s/w-Abb. [4127]

ESOTERIK

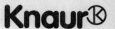

Pollack, Rachel
**Tarot –
78 Stufen der Weisheit**
Tarot kann Lebenshilfe, Entscheidungshilfe, Wegweiser durch schwierige Situationen und Schlüssel zur Selbstfindung sein – wenn wir verstehen, die Geheimnisse seiner Bilder und Symbole zu dechiffrieren.
400 S. mit 100 Abb. [4132]

Das Tarot-Übungsbuch
Während das überaus erfolgreiche erste Buch der Autorin, »Tarot«, eine Einführung darstellt, setzt dieses Buch gewisse Grundkenntnisse voraus. Die hier geschilderten markanten Beispiele werden dem Leser zahlreiche Anregungen für die eigene Tarot-Praxis vermitteln.
240 S. mit s/w-Abb. [4168]

Tietze, Henry G.
Entschlüsselte Organsprache
Krankheit als SOS der Seele. Verdrängte und unterdrückte Gefühle schlagen sich in ganz bestimmten Körperregionen nieder, wo sie schließlich psychosomatische Krankheiten verursachen. Der Psychotherapeut Henry G. Tietze gibt einen Überblick über das Wesen dieser Krankheiten, ihre Ursachen und ihre Behandlungsmöglichkeiten.
272 S. [4175]

Sasportas, Howard
Astrologische Häuser und Aszendenten
Neben dem Tierkreiszeichen-System ist das Häuser-/Aszendenten-System die zweite, überaus bedeutsame Quelle astrologischer Interpretationsmöglichkeit. Seltsamerweise gibt es hierzu kein einziges, für die Deutungspraxis brauchbares Buch.
624 S. mit s/w-Abb. [4165]

Sakoian, Frances / Acker, Louis S.
Das große Lehrbuch der Astrologie
Wie man Horoskope stellt und nach neuesten wissenschaftlichen Erkenntnissen Charakter und Schicksal deutet. 551 S. mit zahlr. Zeichnungen. [7607]

Schwarz, Hildegard
Aus Träumen lernen
Mit Träumen leben. Dieses Traumseminar geleitet uns über einen Zeitraum von acht Abenden in die Welt der Träume. Ein Symbolregister ermöglicht es, diese tiefgehende Einführung auch als Nachschlagewerk zu benützen.
272 S. [4170]

Garfield, Patricia
Kreativ träumen
Die Autorin erläutert ausführlich und leicht verständlich jene Techniken, mit Hilfe derer jedermann innerhalb kurzer Zeit entscheidenden Einfluß auf seine Träume nehmen kann. 288 S. [4151]

ESOTERIK

Knaur

**Musashi, Miyamoto
Das Buch der fünf Ringe**
»Das Buch der fünf Ringe« ist eine klassische Anleitung zur Strategie – ein exzellentes Destillat der fernöstlichen Philosophien. 144 S. [4129]

**Dowman, Keith
Der heilige Narr**
Das liederliche Leben und die lästerlichen Gesänge des tantrischen Meisters Drugpa Künleg. 224 S. mit 1 Karte [4122]

**Brunton, Paul
Von Yogis, Magiern und Fakiren**
Begegnungen in Indien. Der amerikanische Journalist Paul Brunton bereiste in den dreißiger Jahren Indien. Seine Erlebnisse eröffnen das ganze Spektrum indischer Spiritualität. 368 S. und 12 S. Tafeln. [4113]

**Deshimaru-Roshi, Taisen
Zen in den Kampfkünsten Japans**
Deshimaru-Roshi demonstriert, wie die Kampfkünste zu Methoden geistiger Vervollkommnung werden. 192 S. mit 19 s/w-Abb. [4130]

**Brugger, Karl
Die Chronik von Akakor**
Erzählt von Tatunca Nara, dem Häuptling der Ugha Mongulala. Der Journalist und Südamerika-Experte Karl Brugger hat einen ihm mündlich übermittelten Bericht aufgezeichnet, der ihm nach anfänglicher Skepsis absolut authentisch erschien: die Chronik von Akakor.
272 S., Abb. [4161]

**Rawson, Philip
Tantra**
Der indische Kult der Ekstase. Diese Methode, die zur inneren Erleuchtung führt, erobert heute in zunehmendem Maße die westliche Welt.
192 S. mit 198 z.T. farb. Abb. [3663]

**Rawson, Philip /
Legeza, Laszlo
Tao**
Die Philosophie von Sein und Werden. Mit ungewöhnlicher Eindringlichkeit und großer Sachkenntnis erschließt sich hier den westlichen Menschen die Vorstellungswelt des chinesischen Volkes.
192 S. mit 202 Abb. [3673]

ESOTERIK

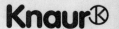

Ferguson, Marilyn
Die sanfte Verschwörung
Persönliche und gesellschaftliche Transformation im Zeitalter des Wassermanns. Mit einem Vorwort von Fritjof Capra. 528 S. [4123]

Walsh, Roger
Überleben
Wir produzieren unter unbiologischen Bedingungen Feldfrüchte und Fleisch im Übermaß – während ein großer Teil der Weltbevölkerung hungern muß. Roger Walsh untersucht die Triebfedern unseres selbstmörderischen Tuns und gibt Anregungen für eine neue und sinnvolle Richtung. 176 S. [4155]

Aeppli, Ernst
Der Traum und seine Deutung
Der Psychoanalytiker Ernst Aeppli schrieb dieses Traumbuch im Geiste des großen Seelenforschers C.G. Jung. Er wendet sich an alle, die wirklich Zugang zu ihren Träumen und somit zu ihrem Unbewußten suchen. 416 S. [4116]

Boot, M.
Das Horoskop
Dies ist sowohl ein Einführungswerk für den interessierten Anfänger als auch ein Nachschlagewerk für den praktizierenden Astrologen. Alle Interpretationen stützen sich auf empirische Ergebnisse der Astrologie in Verbindung mit modernen psychologischen Erkenntnissen. 336 S. mit Abb. [4172]

Szabó, Zoltán
Buch der Runen
Das westliche Orakel. Das Buch enthält eine ausführliche Anleitung für die Orakel-Praxis und erklärt die besondere Bedeutung der Runen und der germanischen Götter als lebendige Symbole. Zusammen mit einem Satz von 18 Runensteinen in Klarsichtkassette. 256 S. [4146]

Tietze, Henry G.
Imagination und Symboldeutung
Wie innere Bilder heilen und vorbeugen helfen. Henry G. Tietze führt uns ein, in die Welt der inneren Bilder, erklärt, was sie bedeuten, wie sie hervorgerufen und genutzt werden können. 352 S. [4136]

Wilson, Colin
Gurdjieff – Der Kampf gegen den Schlaf
Georg Iwanowitsch Gurdjieff (1865–1949) ist eine der geheimnisumwittertsten Persönlichkeiten des Jahrhunderts. Colin Wilson ist seiner Philosophie und seinem Einfluß auf andere Menschen nachgegangen. Sein Buch ist eine brillante Einführung in Leben und Werk dieses Psychologen-Magiers des 20. Jahrhunderts. 176 S. [4162]

Boyd, Doug
Swami Rama
Erfahrungen mit den heiligen Männern Indiens. Swami Rama, in Indien aufgewachsen, ist eine Persönlichkeit, für den Wunder alltäglich sind. In den USA experimentiert er mit quantitativen Untersuchungsmethoden über höhere Bewußtseinszustände. 320 S. [4140]

ESOTERIK

Schlag nach

Das bewährte Standardwerk in völlig neuer Bearbeitung.
656 Seiten, 6.700 Stichwörter und 600 meist farbige Abbildungen.

Ein didaktisch hervorragend aufgebauter Leitfaden durch die modernen Naturwissenschaften. 480 Seiten, 62 graphische Darstellungen.
Band I: Kosmos, Erde, Materie, Technik

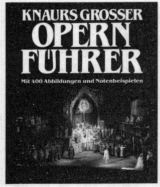

Ein völlig neu konzipiertes Nachschlagewerk mit über 300 Opernbeschreibungen, zahlreichen Illustrationen und Notenbeispielen, 672 Seiten mit 400 Abbildungen.

Das aktuelle Nachschlagewerk für jeden Theaterbesucher und Literaturfreund.
Mit mehr als 1.000 Einzeldarstellungen der wichtigsten Autoren und Werke.
792 Seiten mit 300 Abbildungen.

bei Knaur

Droemer Knaur®

Naturwissenschaft präzise und verständlich.
»Ein hervorragendes Nachschlagewerk für die naturwissenschaftlichen und technischen Grundlagen unserer heutigen Welt.« Südwestfunk
384 Seiten mit 60 Abb.
Band II: Bausteine des Lebens

»Der kleine Knaur« auf dem allerneuesten Stand: 1.088 Seiten, 50.000 Stichwörter, 3.000 Illustrationen, 72 z.T. farbige Bildtafeln, 55 Schaubilder, 40 z.T. farbige Karten.

Ein umfassendes Handbuch, in dem das Alte und Neue Testament auf eindrucksvolle Weise lebendig wird.
648 Seiten, 684 farbige Abb. und Karten.

Zu allen Fragen die richtige Antwort. Ein ausgeklügeltes Verweissystem und die alphabetische Anordnung ermöglichen jedem, den gesuchten Begriff im Nu zu finden. 751 Seiten.

Knaur

**Das westliche Orakel als praktische Lebenshilfe und Rückführung zu unseren Quellen
Mit 18 Runensteinen aus Holz**

Im »Buch der Runen« werden wir reichlich entschädigt für die lange Zeit der Enthaltsamkeit, die wir in Verbindung mit unserer germanisch-mythischen Tradition auf uns genommen haben. Dem Autor ist eine geniale Synthese gelungen zwischen dem praktischen Orakel-Teil und tiefsinnigen Betrachtungen zu den Runen und den germanischen Göttern als lebendigen Symbolen, die nichts von ihrer Wirksamkeit verloren haben:

- Eine Anleitung für die Orakel-Praxis. Mit Hilfe der beigefügten Holz-Runensteine ist der Leser sofort in der Lage, das Orakel zu befragen und sich gleichsam mit spielerischem Ernst den Geheimnissen der Runen zu nähern. Alle 18 Runen sind ausführlich kommentiert.
- Runen sind archetypische Symbole, die besondere Bedeutung im mitteleuropäischen Bewußtsein besitzen. Sie alle sind tief in unserem Unterbewußtsein existent und wollen bewußt gemacht, erlöst werden.

Zoltán Szabó
BUCH DER RUNEN
Das westliche Orakel
Originalausgabe

Knaur
Esoterik

256 S., zahlr. Abb. Gebunden in Kassette mit 18 Runensteinen, Bd. 4146.